AF293525

Rückblicke

Günter Spurgat

Rückblicke

Geschichten über ein nordfriesisches
Dorf, über seine Leute und andere
Begebenheiten

Die Deutsche Nationalbibliothek verzeichnet diese Publikation in der
Deutschen Nationalbibliografie; detaillierte bibliografische
Daten sind im Internet über dnb.dnb.de abrufbar.

© 2020 Günter Spurgat

Herstellung und Verlag:
BoD – Books on Demand, Norderstedt

ISBN: 9783750470187

Das Leben ist eine Reise. Glück finden wir auf dem Weg,
nicht am Ziel.

Monika Minder, eine Schweizer Lyrikerin

Inhalt

Vorwort

Ein Ostenfelder fragte mich, ob ich noch mehr Geschichten über unser Dorf erzählen würde. Ich verneinte, da ich meinte, meine Erinnerungen ausgeschöpft zu haben. Es gebe doch noch genug Geschichten, entgegnete er. Das stimmte zwar, aber mein Vorsatz war, möglichst von Menschen und Ereignissen zu berichten, mit denen ich in meinen frühen Jahren Berührung hatte.

Ich kramte noch mal in meinen Erinnerungen, machte eine Liste mit Stichworten. Und tatsächlich füllte sich bald das ganze Blatt mit Themen, die ich doch für wert hielt, bearbeitet zu werden. So entstand wieder ein kleines Buch, das eine Mischung von Dorfgeschichten und Privatem enthält.

Eine Chronik der 50er und 60er Ostenfelder Jahre zu schreiben war nicht meine Absicht. So ein Vorhaben läge mir auch nicht. Da haben andere bereits viel Vorarbeit geleistet und werden ihre Berichte eines Tages sicherlich veröffentlichen.

Mein Anliegen war und ist es, aus einer sehr persönlichen Perspektive von meinem Leben und dem anderer Bewohner des Dorfes aus jener Zeit zu erzählen. Mehr zufällig denn systematisch und in der Hoffnung, dass einige meiner Berichte bei Leserinnen und Lesern wieder eigene Erinnerungen wecken, an die sie gern zurückdenken.

Günter Spurgat

Der Schuster

Um 1900 gab es in Ostenfeld laut Adressbuch des Kreises Husum zwei Schuhmacher. Der eine hieß Hans Petersen (ein häufig hier vorkommender Name), der andere Hans Willers. Das Dorf besaß viele Einwohner und jeder von ihnen benötigte Schuhe und deren Reparatur, so dass zwei Schusterfamilien mit ihrem Handwerk offenbar ihr Auskommen hatten. Selbst in dem kleineren Dorf Winnert waren zu der Zeit zwei Vertreter dieser Zunft ansässig.

Damals gab es diesen Berufsstand fast noch in jedem Dorf. Auf den Höfen und bei der Stallarbeit wurden früher überwiegend Holzpantinen, in guten Stuben Filzpantoffeln getragen. Die wurden in der Regel nicht von Schuhmachern, sondern von Spezialisten hergestellt. In Oster-Wittbekfeld gab es einen Kleinbauern, der sich im Nebenerwerb als Holzschuhmacher verdingte und in Winnertfeld einen Pantoffelmacher. Die Schuhe der Dorfbewohner wurden demnach überwiegend von ortsansässigen Handwerkern gefertigt. Manche, die sich ausgefallenere Modelle wünschten und es sich leisten konnten, werden diese sicherlich in der Stadt gekauft haben. Ganz arme Leute mussten vielleicht auf eigene Schuhe verzichten und fühlten sich glücklich, wenn sie in ein ausgedientes oder weggeworfenes Paar schlüpfen konnten.

In den 50er Jahren gab es nur noch einen Schuster in Ostenfeld. Er bewohnte mit seiner Frau ein kleines Haus am Schwarzen Weg (heute Nummer 5, Ecke Magnus-Voss-Straße). Er hieß Hans Petersen (1891 – 1971) und war der erstgeborene Sohn eines gleichnamigen Insten – eine früher gebräuchliche Bezeichnung für Tagelöhner oder ländliche Handwerker. Er trug den Beinamen Riemann. Der Beiname hatte den Sinn, die vielen im Dorf ansässigen Petersens leichter zuordnen zu können. Wenn man den Schuster meinte, sprach man also von Hans Riemann. Die Kinder nannten ihn *Onkel Schoster* und dessen Frau *Tante Anni*. Sie war eine geborene Hansen und stammte aus Schwesing.

Die Bezeichnung Schuhmacher wurde meines Wissens von den Dorfbewohnern nicht verwendet, denn der Mann, der seinen Beruf noch in hohem Alter ausübte, war in erster Linie Reparateur von Schuhen und anderen Lederwaren. Gelegentlich soll er auch Schuhmodelle von Grund auf gefertigt haben. Mit Schuhwerk war er bestens vertraut. Sollte er aber Lederfußbälle neu vernähen oder Lederhosen ausbessern, war er von solchen Aufträgen nicht angetan. Manche Bauern brachten auch selbst geschnitzte Holzpantoffeln zu ihm, die der Schuster mit Lederbesatz versah.

Als Kind habe ich ihn Ende der 50er Jahre manchmal in seiner Werkstatt aufgesucht. Mutter hatte mich mit Schuhen, die auszubessern waren, zu ihm geschickt. Ich fand ihn stets in seine Arbeit vertieft. Ein Zimmer mit Nordfenster diente als Werkstatt. Überall lagen Schuhe und Lederartikel, die hier zur

Bearbeitung abgegeben worden waren. Auf Wandregalen reihten sich unzählige Paare – einfache Alltags- und feinste Sonntagsschuhe für Damen-, Herren- und Kinderfüße. In dem Raum stand eine wuchtige Nähmaschine, lagen und hingen verschiedene Werkzeuge, Lederstücke und andere Arbeitsmaterialien. Eine mit Wasser gefüllte Glaskugel, die *Schusterkugel*, diente ihm bei schwachen Lichtverhältnissen dazu, den Schein einer Kerze oder Petroleumleuchte gebündelt auf seinen Arbeitsplatz zu lenken.

Bei meinen Besuchen stieg mir immer der Geruch von neuem und altem, abgetragenem Leder in die Nase, der sich mit den Ausdünstungen von Klebstoffen und Lederfett mischte. Ich mochte diesen Duft. Für mich besaß die kleine Werkstatt etwas Magisches. Mit ihrem Sammelsurium von ungewöhnlichen Dingen erschien sie mir wie ein verwunschener Ort, an dem geschickte Hände Zerschlissenes wieder zu glanzvollem Leben erweckten. Das Geschäftliche regelte seine resolute Frau. Nicht so dringliche Aufträge *verlegte* sie schon mal außer Sichtweite ihres Mannes und gab so die Reihenfolge der Erledigungen vor.

Die Werkstatt war sehr klein. Den Schuster sah ich immer auf seinem Schemel direkt am Fenster sitzen. Hertha Fischer, die Tochter des Schmieds Peter Clausen, wohnte nur ein paar Häuser weiter und erinnert sich, dass noch ein Tisch in der Werkstatt stand, an dem die kleine Familie – Vater, Mutter und Sohn Hans – oft ihr Essen einnahmen, weil die Küche allzu winzig war. Die vielen zur Reparatur abgegebenen Schuhe wurden zunächst auf dem Dachboden gelagert, weil in der Werkstatt kein Platz für sie war.

In den 30er Jahren kam Hertha Fischer auf ihrem Weg von und zur Schule mit ihrer Freundin Irene Hummitzsch täglich am Schusterhaus vorbei. In dem dazugehörigen Garten wuchs ein prächtiger Apfelbaum, nach dessen leckeren Äpfeln – *Riemanns Augustäpfel* – beide Schülerinnen *ganz verrückt* waren. Wenn sie allerdings mit dem einzigen Sohn des Schusters im Streit lagen, konnte es vorkommen, dass seine Mutter ihre Bitte nach Äpfeln nicht erhörte: *Ihr kriegt heute keine Äpfel, weil ihr Hans geärgert habt!*

Auch Maria Lorenzen (*1936), die Tochter des Nachbarn, fragte den Schuster manchmal: *Onkel Schoster, darf ich mir einen Apfel holen?* Der gutmütige Mann antwortete: *Jo, een!*. Als sie einmal einen noch nicht ganz abgenagten Apfel wegwarf, wurde sie von einem anderen Mädchen dafür kritisiert. Die Begebenheit zeigt, wie wertvoll Lebensmittel damals betrachtet wurden, selbst ein Apfelrest.

Zum Haus gehörte auch ein kleiner Schweinestall. In den Handwerkerfamilien war es damals üblich, ein oder mehrere Schweine oder andere Nutztiere zu halten, um in schwierigen Zeiten über die Runden zu kommen.

Bei meinen Besuchen im Schusterhaus musste ich oft erst eine Weile warten. Der Meister wollte noch seinen begonnenen Arbeitsschritt zu Ende bringen. Er schlug noch ein paar Nägel in einen Schuh, nähte noch ein Stück oder klebte eine Sohle. Gern sah ich ihm bei seiner Arbeit zu. Damals besaß der Alltag noch ein gemächlicheres Tempo. Im Warten beim Kaufmann, beim Schlachter oder vor der Meierei waren die Leute geübt. So gab es immer Gelegenheit, sich mit anderen über dies und das zu unterhalten. Schließlich war der Schuster so weit, um sich meiner anzunehmen. Er trat in seiner langen, blauen Schürze auf mich zu. Manchmal blieb er auch auf seinem Schemel sitzen, nahm mir die mitgebrachten Schuhe ab und besah diese genau. Sein geschultes Auge erkannte auf Anhieb, welcher Reparatur die Schuhe bedurften. Erklärungen meinerseits waren nicht nötig. Der Schuster stellte die Schuhe ins Regal und nannte mir den Tag, an dem die Schuhe abholbereit sein würden. Ich glaube, er hatte zuvor auf die Schuhsohle mit Kreide unseren Namen notiert.

Durch die immer gleiche Arbeitshaltung, bei der er sich über die zwischen die Knie geklemmten Schuhe beugte, war dem

Mann der Rücken rund geworden, so dass seiner ohnehin kleinen Statur noch mehr Größe abhanden kam. Er machte nicht viele Worte, verzögerte doch jeder Kunde den Fortgang seiner Arbeit. Aber wenn die Sonne schien, gönnte er sich gern mal eine Pause auf seiner Bank, die an der Südwand des Hauses stand. Hans Riemann war ein fleißiger, gewissenhafter Handwerker mit sanftmütigem Charakter.

Wenn ich seine Werkstatt verließ, freute ich mich schon auf den Tag, an dem ich zur Abholung wieder dort einkehren durfte. Als er wenige Jahre später seine Werkstatt schloss, mussten sich die Dorfbewohner anderenorts nach einem neuen Schuster umsehen. Hans Petersen/Riemann starb 1971 kurz vor seinem achtzigsten Geburtstag. Tante Anni hatte sich bereits vorher von dieser Welt verabschiedet.

Ihr Sohn Hans war pfiffig und ein guter Rechner. Wenn Mitschüler mit der Mathematik Probleme hatten, suchten sie seinen Rat. Er schaffte den Aufstieg aus einfachen Verhältnissen und wurde Lehrer.

In dem Schusterhaus, das von seinen jetzigen Besitzern innerlich und äußerlich mit Gespür für den Erhalt der alten Bausubstanz grundlegend erneuert wird, sind nur noch sehr wenig Spuren vom früheren Leben seiner Bewohner vorhanden. Ein altes Holzregal fand sich noch. Seine einzelnen Etagen waren mit kleinen Schildern versehen (z. B. *Formerei* und *Plattenmaschine* – wahrscheinlich ein Gerät zur Glättung von Lederstücken), die darauf schließen lassen, dass in der Werkstatt alle Dinge ihren festen Platz hatten und Ordnung herrschte.

Viele Ostenfelder ließen ihre Schuhe nun in Wittbek reparieren. Dort bot der bereits hochbetagte Hans Pöhlmann immer noch seine Dienste an. Neben seiner Werkstatt, die er über

sechzig Jahre betrieb, unterhielt er auch eine kleine Landwirtschaft. Bis zuletzt – er wurde 93 Jahre alt – melkte er täglich
seine Kühe, kümmerte sich um seine Hühner und reparierte die
Schuhe seiner Kunden. In früheren Jahren, als er mit Schuhreparaturen und Sattlerarbeiten seine Familie nicht ernähren
konnte, zog er mit Pferd und Wagen von Dorf zu Dorf und
verkaufte Käse. Als Soldat hatte er im Ersten Weltkrieg
gekämpft. Ein großes Pappschild über dem Türrahmen seiner
Werkstatt verriet seine patriotische Einstellung: *Wir Deutsche
fürchten Gott, sonst nichts auf der Welt!*

Dieses verkürzte Zitat von Reichskanzler Otto von
Bismarck aus seiner Rede vor dem Deutschen Reichstag im
Februar 1888 lautete vollständig: *… und die Gottesfurcht ist
es schon, die uns den Frieden lieben und pflegen läßt.* Aber
dieser Zusatz klang für militärverliebte Deutsche damals zu
sanftmütig und eignete sich nicht als erweiterter Leitspruch.
Dass der alte Schuhmacher nach zwei mitlebten furchtbaren
Weltkriegen sich so einen Satz über die Tür hängte, wunderte
mich.

**Zeitgenössische Postkarte. Das Bismarck-Zitat wurde seinerzeit
vielfach auf Tellern, Gedenkmünzen und Briefmarken verewigt**

Die kleine Werkstatt atmete den Hauch der vergangenen kaiserlichen Zeit; die abgegriffenen Werkzeuge und Maschinen waren sicher schon seit Beginn des Jahrhunderts in Gebrauch. Nur die Schuhe, die hier in den Regalen auf ihre Ausbesserung warteten, waren Vertreter der Neuzeit.

Ein Jahr nach dem Tod von Hans Pöhlmann übernahm dessen Enkel, Hans-Dieter Höpfner (der Sohn von Friedel Höpfner) die verwaiste Werkstatt. Er hatte den Beruf des Orthopädieschuhmachers erlernt und trat in die Fußstapen seines Großvaters. Für dieses spezielle Handwerk, bei dem es um die Anfertigung von Einzelschuhen nach Maß geht, gab es genügend Nachfrage. Es eröffnete dem Wittbeker und seiner Familie eine neue Existenz und der Werkstatt ein Weiterbestehen für viele Jahre.

Das Amt

Bis 1970 besaß Ostenfeld noch ein eigenes Amt. Das Haus, in dem die Behörde ihren Sitz hatte, steht noch heute direkt an der Hauptstraße an der westlichen Ortsausfahrt.

Ursprünglich war es das *Hebammenhaus*. In ihm wohnte bis zum Ende des Zweiten Weltkriegs eine Hebamme. Dank dieser Fachkraft (ihr Name soll Ida Orth gewesen sein), konnten werdende Mütter zu Hause entbinden und mussten nicht ins Krankenhaus.

Das frühere Gemeindeamt befand sich in der Magnus-Voss-Straße in einem Haus, in dem auch eine Stellmacherwerkstatt und eine Räucherei untergebracht waren. Nach dem Krieg bezog das Amt das Gebäude an der Hauptstraße. Der damalige Ortsvorsteher der Dorfschaftsgemeinde Ostenfeld Friedrich Jebe (1891 – 1972) suchte dringend eine weitere Mitarbeiterin für das Amt und holte 1943 die junge Hertha Fischer (* 1925) zur Verstärkung. Die Tochter des Ostenfelder Schmieds Peter Clausen war zu der Zeit gerade bei der Spar- und Leihkasse in Husum angestellt. Den Arbeitsplatzwechsel veranlasste Jebe durch einen Anruf bei der dortigen Geschäftsleitung.

Nach dem Krieg war das Amt mit vier Mitarbeitern besetzt: Neben Hertha Fischer waren dies Wilhelm Hinrichs, Frau Schwaag und Friedel Höpfner.

Friedel Höpfner

Der gelernte Gärtner Höpfner, der sich in seiner Freizeit gern seinem Garten und seinen Rosen widmete, war von 1947 bis zur Auflösung der Behörde 1970 Amtsschreiber und Standesbeamter. In einer kurzen Zwischenzeit, in der das Hebammenhaus noch nicht als neues Amt fungieren konnte, hat Friedel Höpfner einige Hochzeitspaare in seiner Wittbeker Privatwohnung standesamtlich getraut. In der Gründungsphase des Wasserverbandes Treene war er dessen Geschäftsführer und später Kassenverwalter. Friedel Höpfner hatte im Krieg ein Auge verloren und trug daher stets eine schwarze Binde, um die Verletzung zu kaschieren. Mir als Kind erschien er dadurch wie ein Pirat, von dem etwas Verwegenes ausging. Wenn ich ihm begegnete, hatte ich immer großen Respekt vor diesem Mann, dem ich Abenteuerhaftes andichtete.

In den Nachkriegsjahren mussten sich die Gemeinden auf eine Flut von Flüchtlingen einstellen. Bereits 1944 kamen die ersten. Der große Strom gen Westen schwappte in den letzten Kriegsmonaten und nach Beendigung des Krieges nach Schleswig-Holstein. Mehr als 14 Millionen Menschen, vor allem aus Ostpreußen, Schlesien, Pommern und aus dem Sudetenland, flohen in den westlichen Teil Deutschlands. Sie benötigten Unterkünfte, aber viele Einheimische wollten weder Wohnraum mit ihnen teilen noch ungenutzte Räumlichkeitenn zur Verfügung zu stellen. Den alliierten Militärverwaltungen blieb daher oft nichts anderes übrig, als Wohnraum zu requirieren und Zwangseinweisungen vorzunehmen.

Hertha Fischer erinnert sich an eine junge Frau mit zwei kleinen Kindern, die sie mit Melkpferd und Wagen nach Stumpen zu einem Bauern begleitete, der ein Quartier für sie stellen sollte. Er beschimpfte die Amtsmitarbeiterin und rief ihr entgegen: *Ick will so'n Volk nich hem!* Letztlich musste er sie doch aufnehmen. Aber die Kammer, die er der gescholtenen Familie zuwies, war so erbärmlich, dass eine andere Lösung gefunden werden musste.

Eine Kommission, der auch Friedrich Jebe angehörte, bestimmte, in welchem Haus und auf welchem Hof Flüchtlinge aufzunehmen waren. Es galt, auf dem Dorf zusammenzurücken, denn die Einwohnerzahl hatte sich 1946 durch den Zuzug der Flüchtlinge verdoppelt.

Für das kleine Ostenfelder Amt, das auch für die Gemeinden Wittbek und Winnert zuständig war, gab es in den Nachkriegsjahren viel zu tun: An- und Abmeldungen, Ausstellung von Dokumenten, Ausgabe von Lebensmittelmarken, Beratung und Annahme von Rentenanträgen, Wahrnehmung standesamtlicher Aufgaben. Wilhelm *(Willi)* Hinrichs, einer seiner langjährigen Mitarbeiter und Amtskassenführer, baute in dem tiefliegenden Garten hinter dem Haus Spargel an, da ihm der sandige Boden für dieses Gemüse besonders geeignet schien.

Familienspuren

Die Herkunft alteingesessener Ostenfelder Familien, die seit vielen Generationen hier leben, liegt oftmals im Dunkeln. Namen wie Andresen, Hansen, Johannsen, Lassen, Lorenzen, Magnussen, Malligsen, Petersen und Thiesen sind seit langem hier vertreten. Bemerkenswerterweise enden alle mit der Silbe -sen. Namen mit dieser Endung sind in Schleswig-Holstein sehr häufig, im benachbarten Dänemark tragen sogar zwei Drittel aller Einwohner einen Namen mit -sen. Die oben genannten Familiennamen gehen nach Ansicht von Forschern auf christliche Taufnamen zurück. Sie rühren von den Namen der Väter her; die daran angehängte Endung -sen stand für *Sohn des ...* . Demnach war eine männliche Person namens Magnussen der Sohn eines gewissen Magnus.

In der obigen Aufzählung fehlt der Name Thomsen, der in Ostenfeld ebenfalls sehr häufig vorkommt. Ein Zufall brachte mich mit einer Familie diesen Namens in Berührung und machte mich neugierig, und so ich folgte ihren Spuren.

An der Hauptstraße westlich unseres Ortes steht ein Haus, das ein Mann namens Heinrich Thomsen erbauen ließ und 1907 mit seiner Frau Catharina bezog. Das Ehepaar blieb kinderlos. Heinrich war der Sohn eines Bauern aus Schmöl, aber die Landwirtschaft kam für ihn nicht in Betracht, denn er war gehbehindert. So wurde er Uhrmachermeister, ein Beruf, der ihn körperlich nicht überanstrengte. In seinem neuen Haus hatte er sich offenbar eine Werkstatt, vielleicht noch einen kleinen Laden dazu eingerichtet.

Konnte ein Uhrmacher damals von seinem Handwerk in unserem Dorf überhaupt existieren? Hochwertige Taschenuhren und repräsentative Zimmeruhren demonstrierten, dass ihre Besitzer sich etwas leisten konnten. Aber auch die weniger Betuchten schätzten Uhren, die man bei sich tragen konnte oder die als besonderes Möbelstück im Hause anzeigten, wie spät es war. Sie wählten dann ihrem Geldbeutel entsprechend eher eine schlichtere Ausführung. Uhren waren also angesagt, sowohl als Schmuckstücke als auch nützliche Gebrauchsgegenstände. Wenn man davon ausgeht, dass in den umliegenden Dörfern kein weiterer Uhrmacher ansässig war, dann besaß Heinrich Thomsen gewissermaßen ein Handwerksmonopol in dieser Gegend. Seine Frau Catharina arbeitete oft im benachbarten Müllereibetrieb mit und trug so zur Existenz der beiden bei.

Das von Heinrich Thomsen erbaute Haus steht noch heute nahezu unverändert vor dem Ortsausgang nach Wittbek. Das rechte untere Fenster sieht wie ein Schaufenster aus, in dem Uhren ausgestellt zu sein scheinen.

Es gibt heute kaum noch Spuren von dem Uhrmachermeister und seiner Frau. Lediglich ein Grabstein mit ihren Namen und Todesdaten ist noch im Garten des Hauses vorhanden. Heinrich starb 1944, seine Frau Catharina zehn Jahre später. Möglicherweise gibt es in einigen Ostenfelder Haushalten noch Uhren, die mit seinem Zeichen, Namen oder einem Reparaturdatum versehen sind. Vielleicht belegen auch alte Kirchenrechnungen, dass er damals für Reparaturen der Kirchenuhr beauftragt wurde.

Erst Mitte der 50er Jahre wurde in dem Haus wieder ein Geschäft eröffnet. Der Hollingstedter Drogist Heinz Mikeska richtete sich in dem Raum mit dem Schaufenster einen kleinen Laden ein und betrieb ihn bis Ende der 60er Jahre.

Der Uhrmacher Heinrich Thomsen war der viertgeborene Sohn von Peter Christian Thomsen, der aus Oldersbek stammte. Dieser führte zunächst den Osterkrug in Ostenfeld. Es heißt, dass er zu gern mit seinen Gästen getrunken habe und in Gefahr war, dem Alkohol zu verfallen. Die Familie sann nach einer Lösung. Sie kaufte in Schmöl Ländereien und ein Grundstück, auf dem 1866 ein Bauernhof errichtet wurde. So kam der Wirt zu seiner Hofstelle, die er nur acht Jahre bewirtschaften konnte, denn er verstarb schon im Alter von 52 Jahren. Von seinen zehn geborenen Kindern lebten zu dem Zeitpunkt nur noch drei; die anderen waren bereits früh gestorben. Seine älteste Tochter Christina Dorothea heiratete 1875 den Müller Johannes Andresen. Sie kauften eine neue, in Glückstadt demontierte Holländermühle, ließen sie in Ostenfeld wieder aufbauen und waren von nun an Mühlenbesitzer und -betreiber. Das Paar bekam ebenfalls zehn Kinder, von denen mehrere Ostenfeld verließen, um anderenorts ihr Glück zu suchen.

**Der Müller Johannes Andresen mit Ehefrau Christina Dorothea,
geborene Thomsen, mit ihren Kindern.
Johannes (1) und Andreas (3) gingen als Ingenieure nach Berlin;
Fritz (2) war Christinas Sohns aus erster Ehe.
Die Aufnahme entstand Anfang der 1890er Jahre.**

Zwei ihrer Söhne, Boy Georg (1885 – 1970) und Johannes (1906 – 1987), wurden ebenfalls Müller. Johannes führte die Ostenfelder Mühle bis zu ihrer Schließung Ende der 70er Jahre. Boy Georgs Sohn Walter (1914 – 1994) pachtete 1953 den Kirchspielskrug und erwarb ihn zehn Jahre später.

Zurück nach Schmöl zu den Thomsens: Ferdinand (1868 – 1935), der jüngste Sohn des verstorbenen Hofbesitzers Peter Christian, erbte das bäuerliche Anwesen. Mit seiner Frau Catharina Mathilde hatte er acht Kinder, fünf Mädchen und drei Jungen. Tochter Marie Catharina wanderte mit ihrem Mann nach Florida in die USA aus. Sohn Jens (1897 – 1973) hatte nach dem Zweiten Weltkrieg mehrere Jahre das Bürgermeisteramt in Ostenfeld inne und war zeitweise stellvertretender Landrat des Kreises Husum. Er war politisch unbescholten, hatte sich nicht mit den Nationalsozialisten eingelassen und schien der britischen Besatzungsmacht würdig, das Dorf zu vertreten. Der frühere Dorfvorsteher und einstige SA-Oberführer Johann Friedrich Jebe blieb wegen seiner Nazi-Vergangenheit mehrere Jahre im Gefangenenlager in Neuengamme bei Hamburg inhaftiert. Als er wieder nach Ostenfeld zurückgekehrte, wählten ihn bald darauf die Dorfbewohner erneut in sein früheres Amt, das er noch mehrere Jahre bekleidete.

Von den Thomsens aus Schmöl und den Andresens, deren Vorfahren aus Goosholz bei Treia stammen, gingen wesentliche Impulse für unser Dorfes aus. Aber letztlich hat jede Ostenfelder Familie durch Arbeit, Fleiß und persönlichen Einsatz ihren Anteil an der stetigen Fortentwicklung unserer Gemeinde.

Eine Treibjagd

D ie Jägerschaft war und ist wie in fast allen Gemeinden ein fester Bestandteil der dörflichen Gesellschaft. Die traditionelle Treibjagd im Spätherbst stellte für deren Mitglieder stets den Höhepunkt im Jahresverlauf dar.

Ich ahnte nicht, dass ich selbst einmal Teilnehmer einer solchen Jagdveranstaltung sein würde. Es war im Spätherbst 1964 oder 1965. Ein Gesandter der Jägerschaft erschien in meiner Volksschulklasse, dem 8. und 9. Schuljahr, und fragte – mitten im Unterricht – ob wir Jungen gegen ein kleines Entgelt als Treiber an einer Jagd mitmachen wollten. Ich fand die Idee nicht schlecht, zumal sie ein Abenteuer und etwas Taschengeld versprach. Also meldete ich mich mit einigen Mitschülern für das Vorhaben.

Mir kam damals überhaupt nicht in den Sinn, dass das unangemeldete Erscheinen des Jägers sich eigentlich nicht gehörte. War die Befreiung der teilnehmenden Schüler vom Unterricht überhaupt mit dem Schulgesetz vereinbar? Denn die Veranstaltung sollte am Vormittag des kommenden Sonnabends, einem Schultag, beginnen. In der Jägerschaft waren tonangebende, gut vernetzte Männer des Dorfes vertreten. Sie betrachteten die Treibjagd als notwendige Maßnahme und als Teil ihrer jagdlichen Tradition. Durfte sich die Lehrerschaft guten Gewissens einer solchen Sache verweigern? Im Dorf herrschten Abhängigkeiten und ungeschriebene Gesetze, die wohl besser beachtet wurden.

Wie dem auch sei. Für mich schien es eine willkommene Abwechslung und so folgte ich dem Ruf.

Am Morgen des besagten Tages trafen Jäger und Treiber vor dem Gasthof von Walter Andresen, der selbst ein passionierter Jäger war, zusammen. Es wurde eine Ansprache gehalten, Anweisungen ausgegeben und auf einem Anhänger zog ein Trecker unsere Treibergruppe an den Ort des Geschehens, an dem die Jäger mit ihren Hunden bereits eingetroffen waren. Es war kalt und nebelig in der Treeneniederung. Wir wurden zu unserem Ausgangspunkt geschickt und sollten von dort in Reihe laut brüllend und mit Stöcken schlagend langsam auf die bereitstehende Jägerphalanx zuschreiten. Einer der Jäger hatte uns zuvor aufgefordert, auf sich duckende Hasen draufzuschlagen und keinen entkommen zu lassen. Mir wurde zunehmend mulmig. Ich wünschte, keinem sich wegduckenden Hasen zu begegnen, denn auf ein wehrloses, verängstigtes Tier zu schlagen hätte ich nicht vermocht und wäre somit als Fehlbesetzung angesehen worden.

Der eine oder andere Hase entwischte tatsächlich hinter unsere Line und rettete sein Leben. Aber bald flohen mehrere nach vorne oder zur Seite davon. Geballte Schrotladungen trafen sie mitten im Lauf. Sie überschlugen sich, sprangen verzweifelt in die Höhe, schrien vor Schmerz, wenn sie nicht sogleich tödlich getroffen wurden. Nach Beendigung der Jagd auf diesem Teilabschnitt war ich ziemlich fertig von dem Geschehen.

Die erste Ausbeute war ansehnlich, und die Stimmung bei den Jägern entsprechend, auch die meisten Treiber waren guter Laune. Dann folgte der nächste Abschnitt. Der Verlauf war ähnlich, sogar ein Fuchs rannte über die Wiese, wurde aber nicht erlegt. Ich wünschte allen Tieren, dass sie dem Tod entkommen mögen und war froh, wenn es einigen von ihnen gelang. Ich fühlte mich schuldig an dem Leid der Tiere. Aber vielleicht, so dachte ich, stimmen ja die Argumente der Jäger: *Zu große Niederwildbestände schaden der Natur. Jagden, auch Treibjagden, sind ein notwendiges Regulativ. Eine Reduzierung der Bestände beugt Tierseuchen vor.*

Ich war damals, Mitte der 60er Jahre, dreizehn oder vierzehn Jahre alt. Die Frage, ob diese Jagdform fair und *human* war, stellte ich mir nicht. In der Öffentlichkeit gab es zu der Zeit kaum kritische Stimmen gegen solche Jagden. Heute, angesichts dramatischer Rückgänge im Wildtierbestand und eines gewachsenen Umweltbewusstseins, werden die Stimmen immer lauter, die ein Verbot fordern.

Ich war naiv, zu glauben, eine Treibjagd sei ein abenteuerliches Vergnügen. Für die Jäger war die Veranstaltung ohne Zweifel ein Fest mit allen dazugehörigen Beigaben: Grüne Jägerkluft, gut dressierte Hunde, schöne Gewehre, eine ansehnliche Jagdstrecke, Jagdhornsignale, anregende Gespräche vor Ort und später im Gasthof in gemütlicher Runde.

Die Treiber waren bei dem Jagen durchaus in Gefahr, angeschossen zu werden, da sie sich in der Schusslinie der Jäger bewegten. Gelegentlich wurde auch von Unfällen berichtet. Ich sah einige alte Jäger unter den Schützen und fragte mich, ob deren Sehschärfe noch ausreichte, um uns Treiber nicht mit Wild zu verwechseln.

Die Jagd wurde mit dem üblichen Bläserritual vor den am Boden ausgebreiteten, erlegten Tieren und einer feierlichen Ansprache des Jagdführers beendet. Anschließend kehrte die Jagdgesellschaft wieder zum Gasthof zurück. Wir Treiber durften als Lohn für unseren Einsatz zwischen einem Hasen oder 7,50 Mark wählen. Zusätzlich bekamen wir Schüler jeder ein Paar heiße Würstchen mit Kartoffelsalat und eine Brause serviert.

Müde und erschöpft von den langen Märschen fiel ich an diesem Abend früh ins Bett. Aber die Jagdszenen verfolgten mich noch lange und lassen mich bis heute jenen Tag erinnern.

Die Schützengilden

Wenn feierlich geschmückte Männer, von einem Fahnenträger angeführt und von einer Musikkapelle begleitet, durchs Dorf zogen, war das für uns Kinder immer eine aufregende Sache. Wir liefen neben- oder hinterher, übten uns im Gleichschritt, den die Musik aufzwang, und wurden von der festlichen Stimmung angesteckt. Viele Ostenfelder hatten bunte Papierfähnchen in ihre Zäune und Hecken gesteckt und grüßten winkend die vorbeiziehenden Männer.

Es war die Schützengilde, die schon am frühen Morgen an ihrem alljährlich stattfindenden Festtag marschierte. Auf einer Wiese im Dorf war ein bunter Holzvogel an einem hohen Mast befestigt worden, dessen Einzelteile mit gezielten Schüssen aus Kleinkalibergewehren zum Absturz gebracht werden sollten. Wer das letzte Stück abschoss wurde Schützenkönig. Wenn es mit dem Abschuss klappte, war der Wettbewerb in der Regel gegen Mittag beendet. Zum Fest gehörte der anschließende Besuch der Kaffeetafel in Harmsens Gasthof und abends der feierliche Abschlussball im Saal, bei dem sich auch die Ehefrauen präsentieren und amüsieren konnten.

Als Kind war ich öfter Zuschauer solcher Veranstaltungen, die ihre festen Termine im Frühsommer hatten. Die Teilnehmer hofften auf schönes, sonniges Wetter, mussten gelegentlich aber auch unter widrigen Verhältnissen ihren Wettkampf austragen. Ich fand es spannend, wenn das letztes Stück vom Vogel am Mast hing und es sich trotz vieler Schüsse nicht zum Abflug bewegen ließ.

Viele Schützen besaßen nun die Option auf den Königstitel, allerdings wusste jeder von ihnen auch, dass ein letzter erfolgreicher Treffer auch teuer werden konnte. Denn vom König wurde bei der anschließenden Feier erwartet, dass er sich spendabel zeigte. So habe ich es jedenfalls gehört.

Eine Besonderheit war es, dass es in Ostenfeld zwei aufeinanderfolgende Schützenfeste gab. Das eben beschriebene war das Fest der Bauern- oder Vogelgilde. Ihre Mitglieder waren Bauern, während die andere Gilde sich aus Arbeitern und *einfachen* Leuten zusammensetzte. Das Fest der Arbeitergilde hatte einen anderen Ablauf und zog sich über einen längeren Zeitraum hin.

**Mitglieder der Schützengilde auf einer Jubiläumsfeier
im Jahr 1984. Zu dem Zeitpunkt gab es nur noch
eine Schützengilde in Ostenfeld.**

Zu dessen Eröffnung wurde in einem feierlichen Akt vor dem Gasthof ein belaubter grüner Kronenkranz auf einen hohen Mast gebunden. Der Umzug der Schützen führte vom Dorf in den Wald. Dort war in den 30er Jahren eine Scheibenschießanlage gebaut worden, die bis heute benutzt wird. Im

Unterschied zur Bauerngilde ermittelte die Arbeitergilde ihren König über das beste Zielscheibenergebnis. Aus Neugier besuchte ich als Kind auch einmal die Schützen im Wald. Aber ihren Wettbewerb fand ich nicht so interessant wie den der Bauerngilde, der *Action* und ein großes Finale mit applaudierendem Publikum versprach.

Früher waren die Schützengilden eine reine Männerangelegenheit. Später kamen auch die Frauen dazu. Direkt neben der Schießanlage wurde eigens für sie eine Kegelbahn gebaut, damit auch sie am Fest beteiligt sein und eine Königin krönen konnten. Auch den Kindern wurde ein Wettbewerb mit Spielen geboten. So war es ein Fest für die ganze Familie. Erst eine Woche später feierten die Schützen das Königspaar auf ihrem Ball im Gasthof. Anschließend wurde die Laubkrone wieder vom Mast geholt.

So verliefen die Schützenfeste alle Jahre in Eintracht nebeneinander. Jedes besaß seine eigenen Rituale, sein Königspaar und seine Geschichte. Ursprünglich gab es im Dorf nur eine Gilde. Sie wurde 1750 von den Bauern gegründet. Damals war auch die dörfliche Gesellschaft in Stände unterteilt. Die Bauern besaßen Vorrechte und hatten das Sagen im Dorf. Demnach war es auch *ihre* Gilde. Undenkbar, dass ihre Untergebenen auch Mitglieder sein durften. Tiefgreifender sozialer und politischer Umbruch führte aber zunehmend zur Egalisierung der Gesellschaft. Auch der einfache Bürger forderte und bekam nun sein Recht.

Im 19. Jahrhundert entstand in Deutschland eine Arbeiterbewegung, die gegen die bestehende soziale Ungleichheit in der Gesellschaft aufbegehrte. Wohl auf Grund dieser Entwicklung kam es 1880 zur Gründung einer zweiten Gilde. Vielleicht wollten die Landarbeiter nicht einer Gilde von Männern angehören, in deren Diensten sie standen. Oder verweigerten die

Bauern die Aufnahme von Leuten in ihre Gilde, die nicht ihrem Stand angehörten? Jedenfalls gab es von dem Zeitpunkt an zwei Gilden, die eine, die auf Vögel schoss, und die Arbeitergilde, die auf Scheiben zielte.

In beiden Weltkriegen wurden die Schützenfeste ausgesetzt, denn anderenorts wurde ja genug geschossen. Nach dem Zweiten Weltkrieg verboten die Siegermächte die Schützenvereine zunächst ganz, da sie als uniformierte Waffenträger galten. Erst mit der Gründung der Bundesrepublik wurden sie wieder zugelassen. In der DDR blieben sie untersagt.

In Ostenfeld wurden die Schützenfeste ab 1953 wieder abgehalten. In den folgenden Jahren erlebte das Dorf nach wie vor die jährlichen Umzüge zweier Gilden. Der Niedergang der bäuerlichen Landwirtschaft und die Aufgabe vieler Höfe führte zum Mitgliederschwund in der Bauerngilde. Mitte der 70er Jahre löste sie sich schließlich auf. Die verbleibende Arbeitergilde ist später vom Scheibenschießen zum Vogelschießen gewechselt und hat den Frauen ebenfalls einen Vogel zum Abschuss freigegeben. Ihren Festablauf hat sie inzwischen auf zwei Tage reduziert. Aber trotz aller Veränderungen ziehen die Schützen immer noch mit fröhlicher Marschmusik durchs Dorf, feiern ihr Fest und halten dadurch ihre jahrhundertealte Tradition aufrecht.

Die Geschichte der Schützengilden geht in Deutschland bis weit in das Mittelalter zurück. Die ersten werden bereits im 12. Jahrhundert erwähnt und sind bewaffnete Bruderschaften. Im Internetportal *wikipedia* heißt es:

Sie hatten in dieser Zeit die Aufgabe, Haus und Hof in Kriegszeiten, bei Seuchengefahren und Glaubensstreitigkeiten zu schützen, besonders aber vor Gesindel, brandschatzenden

Banden und Räubern zu verteidigen. In der Frühzeit ihres Bestehens waren sie reine Selbstschutzgemeinschaften.

Ab dem 17. Jahrhundert wurde die Verteidigung von Söldnern übernommen, dadurch verloren die Schützengilden an Bedeutung. Um ihre Gemeinschaft und Tradition zu erhalten, gingen sie dazu über, Schießübungen und Wettbewerbe zu veranstalten. So entstanden die ersten Schützenfeste, und aus den einst militärischen Gilden wurden rein bürgerliche Vereinigungen. Lange Zeit standen sie in enger Beziehung zur Kirche; beide unterstützten sich gegenseitig. Ihre bis heute gültige Parole *Für Glaube, Sitte und Heimat* unterstreicht diese Verbundenheit. Ihr militärisches Erscheinungsbild wird heute allerdings von Kritikern problematisiert.

Die deutsche Kultusministerkonferenz hat im Jahr 2015 den kulturellen gesellschaftlichen Beitrag des Schützenwesens gewürdigt, indem sie es als besondere Kulturform in das bundesweite Verzeichnis des immateriellen Kulturerbes aufgenommen hat.

Leben am Dorfrand

Außerhalb von Ostenfeld liegen die zum Dorf gehörigen Siedlungen Schmöl, Rott, Stumpen, Brendhörn und Drellborg. Zu Schmöl gehören nur die ersten beiden Häuser, das dritte, in dem die Familie Pauls lebte, liegt bereits auf Wittbeker Gebiet. Noch vor einigen Jahrzehnten bewohnten diese Randlagen ausschließlich Bauern und Landarbeiter. Inzwischen wurden mehrere landwirtschaftliche Betriebe aufgegeben, so dass zunehmend Privathaushalte an ihre Stelle rückten.

Obwohl die Siedlungen teilweise über fünf Kilometer von Ostenfeld entfernt liegen, bestanden und bestehen enge Verbindungen zum Dorf. So soll der in Rott ansässige Bauer Jens Jacob Thomsen (1861 – 1929) in der Wilhelminischen Epoche (1890 – 1914) mehrere Jahre Amtsvorsteher der Gemeinde Ostenfeld gewesen sein. Er fungierte ehrenamtlich als Polizei- und Ordnungsbehörde. Später ging daraus das Bürgermeisteramt hervor.

Wer Milchkühe hielt, war auf die Meierei als Abnehmer und Verarbeiter angewiesen. Daher gingen täglich gemeinsame Lieferungen der Bauern nach Ostenfeld. Auf Stumpen war jeweils für eine Woche eine bestimmte Person für den Milchtransport zuständig, so dass jeder mal an die Reihe kam. Die Drellborger Bauern brachten die Milch ihrer Kühe zur Hollingstedter Meierei, da der Weg dorthin kürzer als der nach Ostenfeld war. Ihr langjähriger Fuhrmann war Peter Malligsen. Ein Foto zeigt ihn auf dem Milchwagen, der offenbar anlässlich seiner Jubiläumsfahrt geschmückt wurde.

In Drellborg, dem östlichsten zu Ostenfeld gehörigen Außenbezirk, entschieden sich die Bewohner oft, im näher gelegenen Hollingstedt beim Kaufmann und Schlachter einzukaufen. Auch den dort ansässigen Tierarzt holten sie, wenn ihre Tiere Hilfe brauchten. Die Geburtstage der Nachbarn wurden stets beachtet und durch einen Besuch gewürdigt. Die Männer schauten vormittags zu einem kleinen Umtrunk vorbei, die Frauen nachmittags zum Kaffee. Diese zeitliche Aufteilung hatte mit den Arbeitsabläufen auf den Höfen zu tun. Die Versorgung der Tiere, das Melken und andere wichtige Arbeiten im Betrieb waren vorrangig zu erledigen.

Die Bewohner Drellborgs lebten alle von der Landwirtschaft. Seit Generationen waren hier die Familien Bergmann, Malligsen, Hagge und Jürgensen vertreten. Andreas Hagge, der über Jahrzehnte an der Seite von Käthe Clausen in der Ostenfelder Schlachterei arbeitete, wuchs in Drellborg auf. Auch andere Drellborger siedelten ins nahegelegene Dorf. Oft war eine Heirat der Beweggrund oder ein Zufall führte sie nach Ostenfeld. Wer von den Kindern einen Hof erbte, blieb in Drellborg. Die übrigen mussten sich woanders nach Arbeit umsehen.

Peter Malligsen und seine Frau Marie besaßen eine kleine Landwirtschaft mit drei Kühen und einem Pferd. Seine Haupteinkünfte erzielte der Familienvater als Helfer auf Bauernhöfen. Das Ehepaar hatte drei Töchter. Sie gingen in Hollingstedt zur Schule und mussten schon früh zu Hause und auf dem Feld mitarbeiten. Annemarie (* 1930), die Zweitgeborene, half bereits als Schülerin auf dem Hof eines Nachbarn und melkte täglich dessen Kühe. Nach Abschluss der Volksschule war sie in umliegenden Dörfern bei verschiedenen Bauern in Stellung. Auf einem der Höfe lernte sie ihren späteren Mann kennen. Die junge Frau war die vielen Stellungswechsel überdrüssig. Sie fragte den Fischhändler Otto (*Bütt*) Petersen, der mit seinem Verkaufswagen die Gegend bereiste, ob er nicht eine Wohnung für sie wüsste. Es waren die Nachkriegsjahre, und Wohnraum war zu der Zeit äußerst knapp. *Ick heff 'ne Wohnung för jüm,* sagte er eines Tages zu Annemi, so nannten alle die Drellborgerin.

Familie Malligsen aus Drellborg mit Tochter Annemarie (1) und ihrer Mutter Marie (2) – aufgenommen ca. 1944/45

So kamen Annemi und ihr Mann Siegfried Girndt 1954 auf den Mühlenhof nach Ostenfeld. Beide sollten sich um die Landwirtschaft kümmern, die zum Mühlenbetrieb dazugehörte. Annemi hatte ein gutes Dutzend Kühe zu melken, half bei der Feldarbeit (und im Gasthof Andresen), während ihrem Mann die übrigen Aufgaben im Betrieb zufielen. Dafür konnten sie jetzt endlich eine Wohnung beziehen, erhielten ein Schwein zur eigenen Haltung, täglich Milch und zusätzlich einen festen Wochenlohn. In den schwierigen Nachkriegsjahren gaben die neuen Lebensumstände dem Paar für die nächsten Jahre eine gewisse Sicherheit. Ende der 50er konnten sie in der Nähe der Mühle in ihr eigenes, neu erbautes Haus einziehen.

Die Ansiedlung Stumpen liegt südöstlich der Hauptstraße, die nach Hollingtedt führt, und grenzt an die Treeneniederung. Der Ortsteil weist mehrere Stichstraßen mit nur wenigen Häusern auf. Zu seinen Bewohnern zählte das Ehepaar Johannes (1891 - 1976) und Anna Wolff (1889 - 1980), das einen Bauernhof und zwei Kinder, Hermann und Didi, besaß. Anna stammte aus Esperstoft und diente als junges Mädchen bei einem Bauern in Rott. Auf einer Tanzveranstaltung im Osterkrug in Ostenfeld lernte sie ihren späteren Mann kennen. Beide pflegten enge Beziehungen zu Freunden im Dorf. Johannes' Schwester Alwine war seit 1909 mit dem Ostenfelder Schmied Peter Clausen verheiratet.

Als der Erste Weltkrieg endlich vorüber war, feierten Anna und Johannes ihre Verlobung. Aber nicht allein. Sie verabredeten mit befreundeten Paaren aus Ostenfeld, dass sich alle gleichzeitig verloben und sie zu diesem Anlaß eine gemeinsame große Verlobungsfeier ausrichten. Eine Fotografie mit allen Beteiligten dokumentiert dieses besondere Ereignis. Es zeigt auch die Kleider- und Haarmode jener Zeit und die Haltungen, in denen man sich damals gern auf Bildern präsentierte. Alle haben gescheitelte Frisuren. Die Männer tragen Schnurbart oder Schnäutzer und lange Jackets. Der Schlips ist einheitlich um den offenen Stehkragen gebunden. Außer Hermine Harmsen, deren Gesicht ein Lächeln erhellt, schauen alle ernst und lassen nicht erkennen, dass ein fröhliches Ereignis der Anlass für die Aufnahme war.

Diese fünf Paare verlobten sich gleichzeitig und feierten das Fest gemeinsam: Hermine Harmsen (1); Heinrich (2) und sein Bruder Johannes Wolff (3); Marie Gülck (4) aus Börm; Hans Harmsen (5), der Wirt vom Osterkrug und Bruder von Hermine;, Peter Asmus (5) aus Börm; Hedwig Bruhn (7) aus Bergenhusen; Harm Stuck (8); Anna Feddersen (9), die spätere Ehefrau von Johannes Wolff; Margarethe Stuck (10), die spätere Ehefrau von Peter Asmus.

Für die Stumpener Kinder war der Weg zur Schule weit. Täglich mussten sie zu Fuß jeweils fünf Kilometer hin und zurück laufen. Didi, die 1926 geborene Tochter von Anna und Johannes Wolff, kam 1932 in die Schule. Sie nahm dann oft den Weg durch den Kirchenwald, obwohl er durchaus keine Abkürzung war, aber er war idyllisch und bot Sonnen- und Windschutz. Im Winter fuhr sie gern auf dem Milchwagen mit ins Dorf und hockte sich zwischen die warmen Kannen. Als ihr fünf Jahre älterer Bruder ein Fahrrad bekam, wurde die Lenkstange ihre neue Sitz- und Mitfahrgelegenheit. Den letzten Teil des Weges ging sie gemeinsam mit ihrer Kusine Hertha Fischer, der Tochter des Schmieds Peter Clausen. Didi empfand ihre Kusine als Beistand in der neuen Umgebung. Für ein kleines Mädchen, das bislang nur die überschaubare Stumpener Welt kannte, waren die vielen Kinder, die Erwachsenen und die große Schule etwas, das sie verunsicherte. Didi setzte sich mit ihrer Freundin Ingelore Lorenzen in die erste Klassenreihe. Ihre Mitschüler spotteten darüber: *Jüm sünd villicht sellig. Vörn sitten doch bloots de Doofen!*

Die Versorgung der Stumpener war gut geregelt. Didis Vater Johannes – die meisten nannten ihn Hannes – spannte in den 30er Jahren einmal wöchentlich an festgelegten Tagen den Pferdewagen an und fuhr mit seiner Frau Anna und Nachbarinnen ins Dorf, um beim Kaufmann Arnold Saxen an der Hauptstraße einzukaufen (heute beherbergt der frühere Kaufmannsladen, den später Ernst Andresen übernahm, die Apotheke). In der einen Woche kauften sie bei Saxen, in der nächsten bei Kaufmann Tiedemann am Teich ein. Es sollte gerecht zugehen. Wenn sie nach dem Einkauf noch beim Schwager Peter Clausen vorfuhren *(De Stumpen kummt!)*, schickte dessen Frau schnell jemand zu Tiedemann, um ein Viertel Pfund Kaffee zu holen. Denn echte Kaffeebohnen waren damals ein Luxusgut, dass man sich nur zu besonderen Anlässen gönnte.

Später in den 50er und 60er Jahren kümmerte sich Kaufmann Andresen um die Versorgung der Außenbezirke. Anfänglich fuhr er noch mit Moped und Anhänger nach Brendhörn, Stumpen, Rott und vermutlich auch noch nach Drellborg. Er brachte Lebensmittel und all die Dinge, die ein Haushalt benötigte. Gleichzeitig nahm er von seinen Kunden Bestellungen oder das Bestellbüchlein für Waren entgegen, die er bei seiner nächsten Tour auslieferte. Später legte sich der Kaufmann einen VW Käfer zu und bereiste damit das Umland.

Auch andere Händler besuchten die Siedlungen. Otto Bütt (sein wirklicher Name war Otto Petersen) kam regelmäßig mit seinem dreirädrigen Vehikel und rief mit lauter Stimme und den hellen Klängen seiner Glocke die Leute zu seinem Wagen, um ihnen sein Angebot an frischen und geräucherten Fischen zu präsentieren. Brote und Kuchen konnten sie bei Bäcker Timm oder beim Mühlenbäcker kaufen, die mit ihrem Sortiment vorbeikamen. Die Kunden blieben ihren Lieferanten über die Jahre treu, schließlich hatte sich zwischen ihnen eine Beziehung und ein Vertrauensverhältnis aufgebaut. Die Belieferung durch Ostenfelder Händler war für die dort lebenden Familien eine Erleichterung in ihrem Alltag, mussten sie doch nicht extra ins Dorf, um ihre Vorräte aufzufüllen.

Eher als die Dorfkinder erhielten die außerhalb wohnenden Schüler Fahrräder, damit sie nicht zu Fuß gehen oder mit Fuhrwerk, Trecker oder Auto zur Schule gebracht werden mussten. Während die Ostenfelder Schüler morgens ausgeruht in der Schule erschienen, kamen die Auswärtigen oft abgekämpft in die Klasse. Sie mussten erst das hoch gelegene Dorf bei Wind und Wetter erklimmen. Im Winter bei Schnee und in der Dunkelheit war das gewiss keine leichte Angelegenheit. Erst als Ende der 60er Jahre endlich ein Schulbus verkehrte, blieben den Kindern ihre täglichen Radtouren erspart.

Auf den oft einsam gelegenen Anwesen der Außenbezirke waren Spielkameraden rar. Helma Timm wuchs als Einzelkind in Brendhörn etwa einen Kilometer östlich von Ostenfeld auf. Ihre nächsten Spielkameraden waren die Jungs vom Nachbarhof, Heiner und Olaf Olf. Typische Mädchenspiele waren da natürlich nicht angesagt. Also wurde Helma ins Fußballteam aufgenommen und spielte auch gern mit.

Auf Stumpen spielten die Kinder der benachbarten Höfe oft zusammen und luden sich gegenseitig zu ihren Geburtstagen ein. Die Höfe, der Wald und die Wiesen waren großartige Spielplätze für sie. In Baumhütten und auf Flößen, die sie selbst bauten, wurden manche Abenteuer bestanden. Als sie noch sehr klein waren, passte Schäferhund *Harras* auf sie auf. Auch die anderen Hoftiere waren für sie wie Familienangehörige. Die enge Verbindung mit der umgebenden Natur und den Tieren prägte die Kinder nachhaltig.

Sie spielten oft zusammen: Ordrun Saß (1), Manfred Rieck (2), Annemarie Thiesen (3), Elke Saß (4), Helga Rieck (5) und Hans-Werner Wendt (6) – aufgenommen 1958

Später in der Schule bot sich ihnen die Gelegenheit, auch andere Kinder kennenzulernen und Freundschaften zu schließen. Aber nach der Schule und in den Ferien blieben die Stumpener und die übrigen auswärts wohnenden Kinder wieder unter sich.

Im Sommer zur Heuernte fuhren die hoch beladenen Wagen der Ostenfelder Bauern von den Treenewiesen kommend häufig durch Rott und Stumpen. Dann kam es vor, dass Ostenfelder Kinder, die auf der Heuladung mitfuhren, ihre Mitschüler sahen und ihnen freudig zuwinkten. Das waren aber eher seltene Begegnungen außerhalb der Schule.

Am Ostenfelder Leben in Vereinen und bei Feiern nahmen die Bewohner der Außenbezirke unterschiedlich teil. Die Abgelegenheit war für gegenseitige Beziehungen nicht gerade förderlich. Der Stumpener Johannes Wolff war allerdings häufiger Teilnehmer bei Ostenfelder Schützenfesten und konnte einige der besten Preise abräumen. Denn er war ein geübter Schütze. Manche Ente oder Taube, die sich in Hofnähe aufhielt, nahm er ins Visier und bereicherte mit ihnen den häuslichen Speiseplan. Nie erschien die Obrigkeit, um nach der Rechtmäßigkeit seines Handelns zu fragen.

Osterwittbekfeld, ein zur Gemeinde Wittbek gehörender Ortsteil, hatte ich früher irrigerweise als einen Außenbezirk von Ostenfeld angesehen. Als Kind wusste ich lange nichts von seiner Existenz, da ich seinen Bewohnern nicht begegnete und ich den Ort noch nicht besucht hatte.

Eines Tages unternahmen wir einen Schulausflug dorthin. Ich glaube, es war die 5. und 6. Klasse unter Lehrer Otto Empen, die sich Anfang der 60er Jahre auf den Weg machten. Unser Ziel war die einklassige Schule. Ihr einziger Lehrer, Theodor Snanicki, stellte uns das Gebäude und seine Schüler vor. Sie saßen alle in einem Raum zusammen, das 1. bis 9. Schuljahr! Wir konnten es kaum fassen, dass es wirklich solch eine Schule gab und fragten uns, wie ein einziger Lehrer neun Jahrgänge gleichzeitig unterrichten konnte.

Da das Dorf nicht viele Einwohner besaß, gab es auch nicht so viele Kinder. Es mögen vielleicht zwei Dutzend Schüler gewesen sein, die in dem Raum saßen. Der Lehrer erklärte uns, wie sein Unterricht ablief. Beispielsweise gab er im Fach Rechnen den Schülern verschiedener Jahrgangsstufen jeweils unterschiedliche Aufgaben. Während diese mit ihnen beschäftigt waren, konnte er sich den übrigen Schülern widmen. Es ging also darum, einen Teil von ihnen immer zu selbständigem Arbeiten anzuhalten, um sich um die restlichen Schüler kümmern zu können. Ein vertiefender Unterricht wird auf diese Weise kaum möglich gewesen sein. Für den Lehrer gewiss eine Mammutaufgabe. Er hatte ja nicht nur den täglichen Unterricht zu bewältigen, er musste ihn auch planen und sämtliche administrativen Anforderungen erfüllen.

Der Schulbetrieb war hier 1909 erstmals eröffnet worden und der knapp 60 Quadratmeter große Klassenraum für 48 Schüler und Schülerinnen ausgelegt. Ein Nebengebäude mit Schweine- und Hühnerstall gab dem Lehrer und seiner Familie die Möglichkeit, Nutztiere für die eigene Versorgung zu halten. Das Gebäudeensemble umschloss einen Hof, der dem Aufenthalt der Schüler in den Pausen diente.

Theodor Snanicki war der letzte Lehrer in Osterwittbekfeld. Vor seinem Dienstantritt im Jahr 1960 hatte er die ebenfalls einklassige Schule auf Hallig Hooge geleitet. Auf Grund der geringen Schülerzahl wurde die Schule in Osterwittbekfeld 1968 geschlossen. Lehrer Snanicki und seine Schüler wechselten anschließend auf die Otto-Thiesen-Schule nach Ostenfeld. Das Fuhrunternehmen August Clausen holte die Schüler mit einem Kleinbus ab und brachte sie auch wieder zurück. Die Schulära in Osterwittbekfeld fand damit ihr Ende.

Ein Osterwittbekfelder, der zuerst die Schule im Ort und danach die Ostenfelder Schule besuchte, begrüßte den Wechsel sehr. Seiner Meinung nach führten die unzureichenden Unterrichtsmöglichkeiten nicht nur zu einem geringen Leistungsniveau der Schüler, sondern beschränkten auch deren späteres berufliches Fortkommen. *Was hätten wir alles werden können, wenn wir eine richtige Schule besucht hätten*, fragt er sich noch heute. In seiner Bemerkung klingt Enttäuschung über ungleiche Chancenverteilung mit. Denn in schulischer Hinsicht war das Leben außerhalb des Dorfes für Kinder durchaus nachteilig und beschwerlich.

Kalter Krieg

Wir Kinder hatten wohl davon gehört, dass ein großer Krieg, der einige Jahre zurücklag, viele Menschenopfer gefordert und unvorstellbare Zerstörungen hinterlassen hatte. Aber das lag fern von unserem Leben im Dorf, das so friedlich schien. Aber auch uns blieb nicht verborgen, dass sich die politische Lage in der Welt Anfang der 60er Jahre zuspitzte. Die Militärbündnisse in Ost und West standen sich unversöhnlich gegenüber und bedrohten sich gegenseitig mit einem Arsenal von Atomwaffen. Wir hörten die Erwachsenen von der Möglichkeit eines dritten Weltkrieges sprechen.

Das machte allen Angst, vor allem uns Kinder. 1961 erhielten alle Haushalte in Deutschland eine Broschüre, die Verhaltensratschläge gab, falls ein atomarer Angriff auf uns erfolgen sollte.

Bilder aus der Broschüre *Alle haben einen Chance*

Darin wurde empfohlen, sich unter einem Tisch vor Glassplittern und Trümmern in Sicherheit zu bringen. Ein anderer Tipp war, sich flach auf den Boden oder in einen Graben zu legen. Eine der Abbildungen zeigt eine Person, die ihren Kopf mit einer Aktentasche schützt. Auch eine Zeitung sollte zur Not radioaktiven Staub vom Körper fernhalten. Das waren tatsächlich ernst gemeinte Empfehlungen des *Bundesamtes für zivilen Bevölkerungsschutz.*

Der Höhepunkt in der Konfrontation zwischen den Vereinigten Staaten von Amerika und der UdSSR war im Oktober 1962 die Kubakrise, in der die Welt am Rand eines atomaren Krieges stand. Schon vor dieser Krise bildeten Atomraketen eine latente Gefahr für jedes Land und jeden Bewohner der Erde, denn ihre Zerstörungskraft würde nicht vor Ländergrenzen halt machen.

Verunsicherung und Angst ging damals auch in unserem Dorf um. Sirenen wurden auf dem Schuldach und auf der Mühle installiert und Zettel verteilt, die von ihnen ausgehende Alarm-Signale erklärten. Zur Erprobung ließ man die Sirenen heulen. Ihr durchdringender Klang erschreckte und mag bei Erwachsenen wieder furchtbare Kriegerlebnisse wachgerufen haben.

Ich fragte mich, ob unser Keller wohl im Fall des Falles genügend Schutz bieten würde. Es beruhigte mich etwas, das im Nebenraum volle Regale mit eingeweckten Lebensmitteln standen und Räucherschinken und -würste hingen.

Zu aller Erleichterung wurde der Konflikt zwischen den Weltmächten jedoch beigelegt, und nach und nach beruhigte sich die politische Weltlage wieder. Es hieß, dass viele Menschen in Deutschland sich einen atomsicheren Bunker gebaut und Vorräte für mehrere Monate angelegt hatten. Auch die damalige Bundesregierung unter Kanzler Adenauer ließ unter strenger Geheimhaltung für sich und die politische Elite

eine riesige unterirdische Bunkeranlage bauen, um Bombenab-
würfe zu überleben.

Die Sirenen haben als Relikte des Kalten Krieges im Dorf
überlebt und dienen heute dem Zivil- und Katastrophenschutz.

Besucher

Zu den aufregenden Ereignissen meiner Kindheit zählten die Manöver, die Soldaten in unserem Ort abhielten. Die großen Armeefahrzeuge unter den Tarnzelten zogen mich an. Ich staunte über die riesigen Panzer, die über die Straße ratterten und sie beben ließen. Es war Kriegsgerät, aber Angst machte es mir nicht. Er gab zwar viel Getöse, doch es fielen keine Schüsse und die Soldaten waren nett zu uns Kindern.

Wir standen um sie herum und schauten neugierig auf alles, was sie taten. Sie campierten auf einer Wiese, die es damals noch an der Hauptstraße gab. Einer der Soldaten briet sich in einer Pfanne Pilze, die er in Langenhöft gesammelt hatte. Es war eine bunte Mischung verschiedener Sorten, die mir unbekannt waren, aber er schien ein Kenner zu sein und genoß sein duftendes Gericht vor meinen Augen.

Die Soldaten sahen, dass wir Hunger hatten und schenkten uns von ihrem Proviant Kekse und Schokolade. An jedem Tag ihrer Anwesenheit besuchte ich sie. Ich hatte das Gefühl, dass sie sich über Kontakte mit der Dorfbevölkerung freuten, besonders aber über Kinder, mit denen sie entspannt umgingen.

Eines Tages kamen Soldaten ins Dorf, die ganz anders aussahen – und sprachen. Es handelte sich um eine britische Einheit, die in Deutschland stationiert war und hier Militärübungen absolvierte. Ich besaß schon ein paar Englischkenntnisse aus dem Schulunterricht und wurde ihr Dolmetscher.

Mehrere erwachsene Ostenfelder besuchten das Camp, besahen sich Fahrzeuge und Ausrüstung und stellten Fragen aller Art, vor allem zur Waffentechnik. Aber alle fragten auf Deutsch oder auf Platt. Die Briten verstanden sie nicht und wendeten sich an mich: *What did he say?* Nur mit Mühe brachte ich Sätze auf Englisch zusammen, die annähernd das wiedergaben, was die Dorfbewohner meinten. Umgekehrt verstand ich auch längst nicht alles, was die Soldaten sagten. So geriet die völkerverbindende Kommunikation etwas holprig. An der sprachlichen Barriere scheiterten manche Verständigungsversuche zwischen Ostenfeldern und Briten, denn die Soldaten, obschon länger in unserem Land, konnten überhaupt kein Deutsch.

Die Soldaten interessierten sich vor allem für ein Thema und stellten Fragen wie: *Do you have a sister? Where are the girls? Can you bring some girls to our camp?* Damit konnte ich ihnen nicht dienen. Es war auffällig, dass kaum größere Mädchen bei den Soldaten erschienen. Vielleicht war ihnen zu Hause von Besuchen abgeraten worden. Schließlich repräsentierten die Soldaten die frühere Besatzungsmacht, die in Ostenfeld mehrere Jahre bestimmte, wo es langging.

Bevor die Soldaten der Royal Army aus Ostenfeld abzogen, übergaben sie mir in Anerkennung meiner Dolmetscherdienste eines ihrer goldschimmernden Abzeichen, die sie an ihren Baretten trugen. Ich fühlte mich königlich geadelt und hütete dieses Geschenk wie einen kostbaren Schatz.

Die Enten vom Dorfteich

E eigentlich gab es sie hier schon immer – die Enten auf dem Westerteich. Mehrere an diesem Gewässer wohnende Familien hielten früher Hausenten und -gänse. Am Tag durfte das Federvieh nach Herzenslust auf dem Teich baden und nach Nahrung gründeln. Gegen Abend holten sie ihre Besitzer wieder in den Stall, um sie vor Raubtiere und -vögel zu schützen. So hielten es die Anwohner viele Jahre, vermutlich sogar seit mehreren Generationen.

Dann kaufte und bezog Hans Gercke (1917 - 1995) die Reetdachkate, die nur wenige Meter vom Südufer des Teiches entfernt lag. Er stammte aus Schwesing und wuchs nach dem frühen Tod seiner Mutter bei seinem Onkel auf einem Bauernhof in Osterwittbekfeld auf. Dort lernte er den Umgang mit Hoftieren und wollte auch in Ostenfeld Tiere um sich haben. Er nahm gern solche in seine Obhut, die schwächlich waren oder an einem Handicap litten. Er nahm ein Zicklein, Kaninchen und Enten bei sich auf. Sie aufzupeppeln und gedeihen zu sehen machte ihm Freude. Aber er gedachte nicht, sie eines Tages zu verspeisen.

Zu Beginn der 60er Jahre begann er, von Züchtern besonders farbenprächtige Entensorten nach Ostenfeld zu holen: Mandarin-, Smaragd- und Löffelenten. Aber auch Brandgänse und zwei Schwäne gehörten bald zu der großen Federviehfamilie auf dem Dorfteich. Immer wieder besorgte Hans Gercke neue Tiere, teilweise wurden sie ihm auch angeboten, da sich seine Entenliebe mit der Zeit herumgesprochen hatte. Viele Jahre bereicherte die bunte Wasservogelfamilie das Dorfteichidyll. Die Futterkosten für die Tiere waren enorm. Leider war die Gemeinde damals nicht bereit, sich an ihnen zu beteiligen. Das ganze Jahr über versorgte Hans Gehrke seine Schützlinge. In harten Wintern holte er sie in seinen Stall.

Die Enten und Gänse stammten aus Hauszüchtungen und konnten nicht fliegen, da sie kupiert waren. Sie genossen hier ein gutes Leben, erhielten täglich ihr Futter und hatten in Behausungen auf der eigens für sie errichteten Teichinsel eine Zufluchtstätte. Sie waren frei, aber warum sollten sie davonziehen? Etwa in eine Gegend, in der Gefahren lauerten, und sie sich selbst um ihr Essen kümmern mussten?

Wirklich ungefährlich war es am Dorfteich allerdings nicht, vor allem nicht für ihre Küken. Ratten, Marder, Katzen und Raubvögel lauerten ihnen auf und dezimierten immer wieder ihren Bestand.

Heute sind es hauptsächlich Stockenten, die dauerhaft am Teich leben. Um ihre Nachkommen zu schützen, weichen sie zur Brut gern in nahegelegene Gärten aus. In diesem Frühjahr (2020) brütete eine Entenmutter in Petereits Garten gegenüber der Kirche fünfzehn Küken aus und kehrte mit ihnen, die Hauptstraße überquerend, auf den Teich zurück, wo die Kleinen sogleich wie selbstverständlich ins Wasser hüpften und losschwammen. Auch zwei weitere Enten gesellten sich mit ihren zahlreichen Nachkommen dazu, die ebenfalls in angrenzenden Gärten zur Welt gekommen waren. Die niedliche Kükenschar zieht immer wieder Kinder und Erwachsene an, die gern dabei zuschauen, wie die Entenmütter ihre Kleinen großziehen und mit der neuen Umgebung vertraut machen.

Hermann Niewind, der mit seiner Frau direkt am Westerteich wohnt, kümmert sich seit vielen Jahren liebevoll um die Enten. Zehn Zentner Weizen verschlingen die Tiere pro Jahr. Inzwischen trägt die Gemeinde die Futterkosten. Eine Ausgabe, die dem Dorf etwas bewahrt, das seinen Bewohnern viel Freude schenkt und die Szenerie am Teich belebt und verzaubert.

Sie sind wieder da

Einst besuchte ein Storchenpaar jedes Jahr unser Dorf. Auf dem Reetdach eines langestreckten Bauernhauses gegenüber von Kaufmann Lunks belegten sie immer das selbe Nest. Mit ihrer verläßlichen Wiederkehr im Frühjahr überbrachten sie die Botschaft: *Der Winter ist nun vorbei!* Es war einfach schön, die von weit angereisten Besucher im Dorf zu haben, ihnen bei ihren eleganten Gleitflügen zuzusehen und von ihrem Schnabelgeklapper im Alltag begleitet zu werden.

Doch Mitte der 60er Jahre blieben ihre Besuche plötzlich aus; sie kehrten nie wieder zurück. Sie fehlten spürbar, waren sie uns doch so vertraut, als seien sie Mitbewohner unseres Dorfes gewesen.

Manche Ostenfelder boten ihnen extra Nistmöglichkeiten an in der Hoffnung, dass sie sich wieder bei uns ansiedeln würden. Aber entscheidend für die Ortswahl der Vögel wird das vorhandene Nahrungsangebot gewesen sein, und das schrumpfte immer mehr. Die Störche zogen dahin, wo noch gute Nahrungsquellen vorhanden waren.

Doch als ich im April 2020 mit dem Fahrrad am nordöstlichen Dorfrand entlandfuhr, sah ich einen Storch am Himmel seine Kreise ziehen.

Hoch am Himmel flog er über einen ausgedienten Funkturm, der auf einer sattgrünen von Löwenzahn und Wiesenschaumkraut betupften Weide stand. Plötzlich hörte ich lautes Klappern, ein Geräusch, das ich allzugut von früher kannte. Auf der Turmspitze entdeckte ich ein großes Nest, aus dem sich ein zweiter Storch erhob und mit seinem Schnabel eine Begrüßungszeremonie anstimmte, die dem am Himmel fliegenden Storch galt. Sie gehörten zusammen, und hatten sich den Turm offenbar als Brutstätte auserwählt.

Ich hatte nicht geglaubt, dass Störche sich hier je wieder niederlassen würden. So viele Jahre blieben sie aus, doch jetzt waren sie endlich zurückgekehrt.

Sie werden unser Dorfleben bereichern, uns Freude schenken und uns die Hoffnung geben, dass ein geliebter Teil des früheren Lebens doch nicht ganz verloren ist. Mögen die Störche erfolgreich ihre Jungen aufziehen, im nächsten Frühling wiederkehren und ihren Nachkommen vermitteln, dass unser Dorf für sie ein guter Platz zum Leben ist.

Übers Watt

Ende der 50er Jahre leitete Erika Zamow als Lehrerin die 1. und 2. Klasse der Ostenfelder Volksschule. Ich war einer ihrer Schüler. Wir lernten bei ihr das Schreiben und Lesen (*Tut tut ein Auto*), gemeinsames Singen, machten Bekanntschaft mit Schiefertafel, Griffel und dem Einmaleins. Wir alle liebten es, Bilder zu malen. Dabei ging es entspannt zu, und es gab keine Vorschriften, wie wir etwas zu malen hatten. Die Malstunde bot uns Freiheit. Der sonstige Unterricht wurde von Frau Zamow ziemlich straff geführt: Gerade sitzen, zuhören, sich melden und erst nach Erlaubnis sprechen, auf Kommando aufstehen und sich setzen, auf dem Schulhof in Reihe antreten und still in die Klasse marschieren.

Lehrerin Erika Zamow und ihre Schulklasse (1959)

Wir Kinder hatten Respekt vor den Erwachsenen. Ganz besonders vor Lehrkräften, die Disziplin forderten. Unruhe und Toben in der Klasse wurde nicht geduldet, und wenn dies gelegentlich vorkam, wurde sogleich streng ermahnt. Von Schlägen wurden wir in den ersten beiden Schuljahren zum Glück verschont. Doch als ich einmal durch den Flur rannte und mit Frau Zamow zusammenstieß, fing ich von ihr eine gepfefferte Ohrfeige ein. Heute wäre eine Lehrerin, die ein ihr anvertrautes Kind so behandelt, untragbar gewesen. Damals jedoch war ein Vorkommnis dieser Art kaum der Rede wert. Ich aber vergaß es nicht; mein Vertrauen zur Lehrerin zerbrach durch deren harte, unangemessene Reaktion. Dennoch verdankten wir Frau Zamow zwei schöne gemeinsame Jahre, in denen sie uns gut auf die kommenden Herausforderungen vorbereitete.

In besonderer Erinnerung ist mir ein Ausflug ins Wattenmeer geblieben. Zusammen mit mehreren Müttern wanderten wir bei Ebbe im Schlick an der Schobüller Küste entlang. *Wandern* ist nicht das richtige Wort für die Art und Weise, wie wir das unbekannte Terrain meisterten. Wir *stapften* über den matschigen Meeresboden und versanken teilweise bis zu den Knien darin. Für uns Kinder war das eine überaus lustige, wenn auch anstrengende Erfahrung. Die Mütter mussten ihre Röcke hochschieben und in Position halten. Sie hatten ihre Not, die Wattwanderung einigermaßen unbeschadet zu bewältigen. Trotzdem hatten wir alle Spaß an dem Ausflug. Abenteuer statt Unterricht, das war es, was wir mochten.

Die Strecke, die wir zurücklegten, war zwar überschaubar, aber sie kostete allen viel Kraft. Die Füße aus dem stellenweise sehr weichen und tiefen Schlick zu ziehen war mühsam und ließ uns nur langsam vorankommen.

Schließlich erreichten wir wieder Festlandboden und kehrten abgekämpft, hungrig und durstig im *Magisterhof* in

Schobüll ein. Nachdem sich alle mühsam den Schlick abgewaschen hatten, packten die Mütter mitgebrachte Brote aus, und der Gasthof versorgte uns mit Getränken. Wenn ich mich recht erinnere, war ein Bus organisiert worden, mit dem wir an- und abreisten.

Es war das erste Mal, dass wir Kinder dem Wattenmeer, dieser einzigartigen Küstenlandschaft unserer Heimat, begegneten. Dieser Ausflug blieb mir nachdrücklich in Erinnerung. Danke Frau Zamow für dieses Erlebnis.

Kasperletheater

Als Frau Zamow in der Klasse ankündigte, dass das Kasperletheater in die Schule kommen würde, entfachte sie große Aufregung und Vorfreude.

An dem Tag, als die Puppenspieler zu uns kommen sollten, konnten wir uns nicht mehr auf den Unterricht konzentrieren. Voller Spannung erwarteten wir die Gäste und fragten uns, was sie wohl für Gestalten mitbringen würden. Ich glaube, sie fuhren mit einem VW-Bus vor. Die Theatertruppe bestand aus zwei oder drei erwachsenen Personen. Eine von ihnen war nur unwesentlich größer als wir selbst. Staunend betrachteten wir den kleinwüchsigen, kräftig gebauten Mann, der so ungewöhnliche Proportionen besaß. So einen Menschen hatten wir noch nie gesehen, umso interessanter fanden wir seine Erscheinung. Er nahm wohl wahr, dass wir ihn beobachteten und über ihn tuschelten, aber er ging seiner Arbeit nach und kümmerte sich nicht weiter um uns. Die zahlreichen Theater-Utensilien wurden aus dem Kleinbus ausgepackt und in unsere Schule gebracht.

Frau Zamow hatte unseren Unterricht vorzeitig beendet, damit unser Klassenraum in ein Theater verwandelt werden konnte. Wir rückten unsere Bänke an die Hinterwand und stellten alle Stühle in Reihen hintereinander auf. Davor errichteten die Puppenspieler und ihr kleiner Gehilfe ein Holzgestell, das sie mit dunklen Vorhängen verkleideten – und fertig war eine prächtige Theaterbühne.

Als wir unsere Plätze eingenommen und die zugezogenen Fenstervorhänge den Raum verdunkelt hatten, wurde es plötzlich mucksmäuschenstill. Voller Spannung warteten wir nun auf das Kommende und ruschten auf unseren harten Stühlen hin und her. Minutenlang verharrten wir still in unheimlicher Dunkelheit.

Dann hörten wir Akkordeonmusik und eine Stimme, die lustig *Tri, tra, trullala ... tri, tra, trullala* trällerte. Der Theatervorhang öffnete sich und gab die beleuchtete Bühne mit bunt ausgemalter Naturkulisse frei. Es erschien der fröhliche Kasper, der weiterhin sein Lied sang, aber plötzlich innehielt, da er uns Kinder sah. *Seid ihr etwa schon alle da?*, fragte er. *Jaaaaa!*, riefen wir alle im Chor freudig zurück. Unsere ganze Anspannung löste sich in diesem Ausruf. Wir waren nun bereit, gemeinsam mit Kasper ein Abenteuer zu erleben.

Auch im nächsten Jahr besuchten uns die Puppenspieler. Einige von uns Schülern halfen, das Bühnenmaterial auszuladen und in den Klassenraum zu bringen. Es irritierte mich, einen der Männer, wahrscheinlich war es der *Theaterdirektor* mit Kaspers Stimme sprechen zu hören und die vielen Puppen in einem geöffneten Koffer so leblos daliegen zu sehen. Aber als die Bühne aufgebaut war und der Vorhang aufging, waren unser Held und die anderen Figuren wieder quicklebendig. An Kaspars Seite kämpften wir mit Räubern, Hexen und Krokodilen. Wenn Gefahr drohte, schrien wir alle im Chor: *Kaaaasper, paß* auf! Oder: *Kasper, komm schnell!* Wir waren stets Mitwirkende im Bühnengeschehen, besiegten zusammen mit ihm das Böse und freuten uns, wenn Kasper den Halunken oder das Krokodil endlich verdrosch. Gemeinsam mit ihm und den anderen Puppen führten wir die Handlung zu einem guten Ende.

Kein Unterricht vermochte uns je so zu begeistern und zu fesseln wie das Kasperletheater. Wenn der letzte Vorhang fiel, klatschten wir begeistert und waren glücklich, mit Kasper wieder ein großartiges Abenteuer bestanden zu haben.

Der Ausritt

In meiner Kindheit hielt ich mich oft und gern auf dem Hof des Bauern auf, bei dem mein Vater als Melker und meine Mutter als Magd beschäftigt waren. In den ersten Jahren nach dem Krieg besaß der Bauer noch mehrere Pferde, die damals für die Arbeit auf dem Feld unerlässlich waren. Für schwere Arbeiten hielt man vorwiegend die starken Schleswiger Kaltblüter, für Ausritte dagegen eher sportlichere Pferde. Wenn der Bauer mit dem Kutschwagen ausfahren wollte, musste meine Mutter für ihn einspannen. Ihr diese Arbeit als Magd aufzutragen fand sie nicht richtig, da es auf dem Hof mehrere männliche Kräfte gab. Der Bauer selbst hätte wohl einspannen können, aber für einen Hofbesitzer *geziemte* es sich nicht.

Oft habe ich meinen Vater begleitet, wenn er mit Pferd und Wagen auf die Sommerweide zum Melken und anschließend zur Meierei fuhr. Als ich allein auf dem Wagensitz darauf wartete, dass die leeren Milchkannen wieder aufgeladen werden sollten, schaute ich auf das schnaubende Pferd und dessen Rückenpartie. Ich fragte mich, ob mir das große Tier wohl auch gehorchte und sich regte, wenn ich *hüh* sagen würde.

Ich hatte das Wort nur zaghaft gerufen, dazu vielleicht auch ein bisschen die Führleine bewegt. Hätte ich doch bloß nichts gesagt. Im nächsten Moment zog das Pferd an und machte sich mit mir und dem Wagen in gemächlichem Schritt auf den Weg. In Panik rief ich *Halt, halt!*, aber das Pferd verstand mich nicht oder wollte mich nicht verstehen. Es entfernte sich mit mir und dem Wagen von der Meierei und steuerte in gerader Linie auf einen gegenüberliegenden Bauernhof zu. Ich spürte feuchte

Hände und Schweißtropfen auf meiner Stirn. Nach Hilfe zu rufen, traute ich mich nicht. War denn niemand da, der eingreifen konnte?

Doch als das Pferd schließlich vor dem Gartenzaun des Bauernhofes stehenblieb, sagte mir ein plötzlicher Gedanke: Spring jetzt vom Wagen und mach dich davon! Und das tat ich. Was danach folgte, erinnere ich nicht mehr. Vielleicht dachte mein Vater, das Pferd sei durchgegangen und sein armer Sohn vor Angst ausgebüxt. Teilweise stimmte das ja auch.

Einige Jahre später besaß der Bauer nur noch ein einziges Pferd, ein fuchsbraunes Schleswiger Kaltblut. Ein kleiner Trecker hatte Einzug auf den Hof gehalten und die Pferde abgelöst. Da der Bauer an seinem verbliebenen Pferd hing und es vielleicht auch in Reserve halten wollte, falls der Trecker versagte, durfte es bis auf weiteres auf der Wiese grasen. Nun stand der Fuchsbraune auf Mattsieken, einer Koppel, die etwa hundert Meter hinter dem Ortsausgang nach Wittbek lag.

Wie so oft hielt ich mich mal wieder auf dem Hof auf und traf dort auf Hans-John, den Sohn des Bauern. Ich glaube, er fragte mich, ob ich schon mal auf einem Pferd geritten sei. Wir beide hatten gelegentlich bei einem der wenigen Fernsehbesitzer im Dorf die Serie *Fury* gesehen, die von den Abenteuern eines Jungen mit einem schwarzen Mustaghengst erzählt. Das war Ende der 50er Jahre. Ich war acht oder neun Jahre alt.

Auf so einem Pferderücken dahinzujagen war eine Vorstellung, die mir auf Anhieb gefiel. Wir statteten also dem Fuchsbraunen auf seiner Koppel einen Besuch ab. Der graste friedlich und ahnte nichts von seiner neuen Rolle, die wir ihm zugedachten. Die Statur des Schleswiger Kaltbluts glich in keiner Weise derjenigen von *Fury.* Aber Pferd war Pferd, ein kleiner Ausritt würde auch ihm sicher gefallen, war ich überzeugt.

Erst als ich dem mächtigen Tier direkt gegenüberstand und ihm freundschaftlich auf den Hals klopfen wollte, erschrak ich über das krass unterschiedliche Größenverhältnis zwischen uns beiden. Angst wollte ich auf keinen Fall zeigen, sondern meinen Mut beweisen. Das Pferd schien gutmütig und fraß in aller Ruhe die saftigen Löwenzahnblätter, die wir ihm anboten.

Ohne Kletterhilfe war es unmöglich, auf den Pferderücken zu gelangen. So zogen wir den Fuchsbraunen am Halfter seitlich ans Heckgatter, das ich als Steighilfe nutzen wollte. Hans-John hielt das Pferd, und ich schwang mich auf seinen breiten Rücken. Ich kam nicht einmal dazu seine Mähne zu fassen, denn im nächsten Moment machte das Pferd eine schnelle Vorwärtsbewegung und warf mich ab. Ich fiel hart zu Boden und spürte Sekunden später heftigen Schmerz in meiner Schulter.

Der Reitversuch war gescheitert. Das Pferd wandte sich wieder den Gräsern zu, während Hans-John und ich uns besorgt auf den Heimweg machten. *Erzähl bloß nichts meinem Vater, auch nicht deinen Eltern*, bat Hans-John. Das war leicht gesagt, aber meine lädierte Schulter brauchte eigentlich einen Arzt. Es kostete mich einige Mühe, mir meine Schmerzen nicht anmerken zu lassen und die nächsten Tage ohne Behandlung und Medikamente zu überstehen.

Wenn Hans-John und ich wieder einmal im Fernsehen *Fury* sahen, schaute ich dem eleganten Ritt des jungen Hauptdarstellers auf dem temperamentvollen Mustang mit noch größerer Bewunderung zu.

Barfuß im Regen

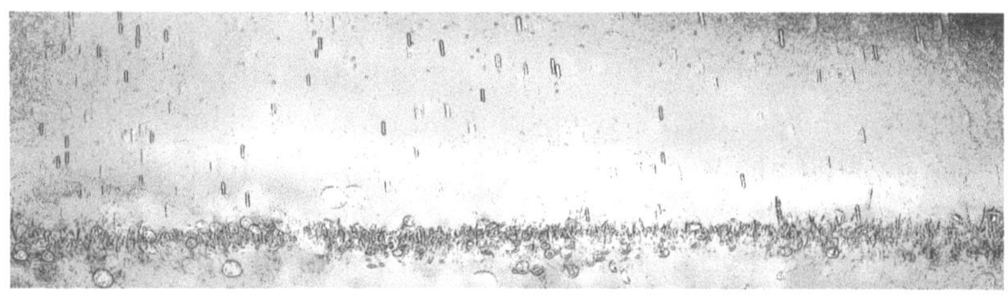

An jenem Sommertag Anfang der 60er Jahre, der für mich unvergesslich wurde, wohnten wir am westlichen Dorfrand unweit der Mühle in unserem neuen Haus. Ich erinnere mich an einen sehr warmen, schwülen Nachmittag. In diesem Sommer war lange kein Regen gefallen, und das Land war ausgedörrt. Auch an diesem Tag brannte die Sonne wieder erbarmungslos. Die Hitze machte mich müde und ließ mich nach Erfrischung lechzen.

Im Dorf gab es noch kein Schwimmbad. Die Treene lag zu weit entfernt und war für mich ein zu gefährliches Gewässer. Auch die nahe gelegenen Teiche luden nach langer Trockenheit nicht zum Baden ein, denn sie führten nur noch geringe Wasserstände und rochen modrig. Zudem lauerten in ihnen zahlreiche Egel auf Opfer.

Die Luft und der Himmel änderten sich jedoch und deuteten auf einen Wetterumschwung. Vielleicht würde es etwas Regen geben, hoffte ich. Ich war barfuß und hatte nur eine Turnhose an. Der Sand auf der unbefestigten Stichstraße vor unserem Haus war so heiß geworden, dass ich ihn mit nackten Füßen kaum betreten konnte. Im kühlen Gras zu gehen war dagegen eine Wohltat.

Ein leichter Wind kam auf, die Luft wurde schwerer, kühler, und ihr Geruch bekam eine Note, die Feuchtigkeit verriet.

Dann fing es an. Erst fielen ein paar Tropfen, die den hellen Sand auf unserer Straße sprenkelten. Ich spürte die kühlenden Tropfen auf der Haut und breitete meine Arme aus, um sie aufzufangen. Es kamen immer mehr vom Himmel nieder und entwickelten sich zu einem richtigen Schauer, der sich im Nu über das Land ergoss. Binnen weniger Minuten geschah eine so wunderbare Verwandlung der Natur und erlöste die ausgedörrte Erde, die leidenden Tiere und Menschen. Meine Müdigkeit und Schlaffheit waren auf einmal verflogen. Ich genoss die Regentropfen, die unablässig an mir herabperlten und mir ein unbeschreibliches Wohlgefühl verliehen.

Nur über dem Dorf hingen dunkle Wolken, die ihre nasse Fracht zur Erde schickten. Der übrige Himmel war blau und sonnig und breitete einen Regenbogen über das Land.

Mittlerweile rann ein kleiner Bach die Straße hinunter. Ich stieg in sein Bett und planschte darin mit meinen Füßen. Der heiße Sand hatte das Wasser angenehm erwärmt. Es fühlte sich so wunderbar an, in dem Bach zu waten. Kleinste Kiesel wirbelten um meine Füße und gaben mir die Illusion, über einen Strand zu laufen. Aus purer Freude jagte ich mit den Füßen kleine Fontänen in die Luft, staute den Wasserlauf mit den Händen und ließ ihn wieder frei.

Ich spielte in den Pfützen wie traumversunken, bis der Regenschauer aufhörte. Er war ein Geschenk des Himmels, auf das alle so lange gehofft hatten. Sein plötzliches Erscheinen erlebte ich als einen seltenen und wunderbaren Moment in meiner Kindheit.

Radelnd übers Land

Unser Dorf war in meiner Kindheit die einzige Welt, die ich kannte. Husum hatte ich wohl ein paar Mal gesehen, auch in eine entfernte, große Stadt wurde ich in frühen Jahren zu einem Verwandtenbesuch mal mitgenommen. Doch Ostenfeld blieb viele Jahre der einzige vertraute Ort. Später bei Schulausflügen sah ich den Hamburger Hafen, die Flensburger Förde und das Rheinland. Aber die nähere und weitere Umgebung meines Dorfes blieb mir lange verborgen.

Später fuhr ich täglich mit dem Bus nach Husum zur Schule. Die Strecke führte durch Wittbek, Ipernstedt. Schwesing-Bahnhof und Rosendahl bis zum Husumer Busbahnhof. Es war die immer gleiche Fahrt entlang der Hauptstraße, vorbei an den sich nie ändernden Ortsbildern und Straßenverläufen. Einzig die Ein- und Aussteigenden zu beobachten bot etwas Abwechslung.

Dann *erbte* ich das Moped meines Bruders, eine *NSU Quickly,* und konnte meinen Bewegungsradius nun selber bestimmen. Aber auch mit dem Moped fuhr ich meistens nur bis nach Husum und zurück. Bald durfte ich Vaters Auto benutzen, um die Bahn nach Jübeck zu erreichen, die mich nach Flensburg brachte, wo ich mittlerweile eine weitere Schule besuchte. Und schließlich kaufte ich mir ein eigenes Auto.

Ich sah es eines Tages ausrangiert auf dem Hof einer Flensburger Autowerkstatt stehen. Ein weißes Karmann Ghia Cabrio. Ich war auf der Stelle bezaubert von der ramponierten Schönheit. Das Auto sollte 750 D-Mark kosten. Am nächsten Tag war ich sein stolzer Besitzer. Der Erwerb kostete mich meine gesamten Ersparnisse. Aber der kleine Flitzer gehörte nun mir und machte mich zu einem glücklichen Menschen.

Mit dem Auto kam ich zwar kreuz und quer durchs Land, aber hinterm Lenkrad rauschte die Landschaft an mir vorrüber; sie sinnlich zu *erfahren* war bei dem Tempo nicht möglich.

Vielleicht war es die *Ölkrise* und das von der Regierung verhängte *Sonntagsfahrverbot* von 1973, das mich zum Radfahrer machte. Bei uns zu Hause gab es nur Mutters Rad, das selten bewegt wurde. Mit ihm unternahm ich kleine Ausflüge in die nächste Umgebung und fand Gefallen daran, mit eigener Kraft gemütlich durch die heimatliche Landschaft zu radeln. Nach und nach erkundete ich die umliegenden Dörfer, fuhr durch Wälder, vorbei an stillen und fließenden Gewässern und zu lokalen Sehenswürdigkeiten. Ich traute mir immer größere Strecken zu, wollte immer weiter und Neues entdecken.

Doch Mutters Rad war für längere Distanzen nicht besonders geeignet. So gab ich ihm eine sportlichere Note, versah es mit pannensicherer Bereifung, bequemerem Sattel, besseren Lenkergriffen, einer Trinkflasche und ein paar technischen Umrüstungen. So ausgestattet machten mir die Radtouren mehr Spaß.

Einige Jahre später kaufte ich mir ein eigenes Rad, ein leichtes Herrenrad mit Ledersattel und Taschen für Gepäckträger und Lenker. Mit dem neuen Gefährt wurde ich nun zu einem richtigen Langstreckenradler. Ich entdeckte Schleswig-Holstein auf neue Weise – langsam, Kilometer für Kilometer, entlang seiner Meeresküsten, Flussläufe und zu malerisch gelegenen Seen. Zuvor hatte ich manche dieser Landschaften bereits durch ein Zug- oder Autofenster erblickt, aber auf dem Rad war es ein viel intensiveres Erleben. Auf dem Rad nahm ich diese Landschaften ganz neu wahr. Jetzt atmete ich dieser Landstriche, roch ihre Wiesen und Wälder und die würzige Meeresluft. Jeder unbekannte Weg, den ich einschlug, verhieß schöne Ausblicke und unbekanntes Terrain.

Ich tourte über die Halbinsel Eiderstedt, auf Nordstrand, den Inseln Föhr, Amrum und Sylt, an die Schlei, den Nord-Ostsee-Kanal und an den bezaubernden Westensee. Wenn ich zurückkehrte, war ich erfüllt von schönen Eindrücken und Begegnungen. Zu entfernteren Zielen bin ich mit dem Auto gefahren, habe dann mein Fahrrad ausgeladen und bin mit ihm weiter auf Entdeckungstour gegangen. Nach der Wende wurde Mecklenburg-Vorpommern mit seinen wunderschönen, abwechslungsreichen Naturlandschaften mein bevorzugtes Reiseziel.

Weltreisender war ich nie und wollte es auch nicht sein. Mir genügte es, die vielen schönen Winkel in Norddeutschland und Jütland zu entdecken, sowohl an den Meeresküsten als auch im Binnenland. Ich liebe es, entlang grüner Deiche und blühender Wiesen zu radeln, abseits gelegene schöne Dörfer zu besuchen und ihre Bewohner kennenzulernen.

Das wunderbare, befreiende Gefühl, das das Radfahren zu vermitteln vermag, beschrieb ein früherer Zeitgenosse:

Radfahren kommt dem Flug der Vögel am nächsten.

Louis J. Halle, US-amerikanischer Naturforscher und Autor, 1910 – 1998

Mein Gefährte auf Reisen

Das Tonbandgerät

Musik schenkte allen Schwung und gute Laune. Sie kam aus dem Radio und vom Plattenspieler. Die Sender lieferten sie kostenlos ins Haus, aber was gespielt wurde, konnten sich die Hörer nicht aussuchen. Schallplatten boten dagegen die Möglichkeit, Lieblingsstücke zu hören – sooft und wann man wollte. Aber die Platten waren für die meisten Schüler zu teuer, zumal kaum jemand von uns damals über Taschengeld verfügte.

Für mein eisern Erspartes kaufte ich mir im Husumer Kaufhaus Quelle Anfang der 60er Jahre einen Plattenspieler. Die restlichen Markstücke investierte ich in zwei Single-Scheiben. Sie boten Songs und Musik zu den Tänzen *Twist* und *Letkiss,* die damals gerade in Mode waren. In meinen Besitz kam noch eine weitere Single aus Pappe, die sich zu meinem Erstaunen sogar abspielen ließ. Das war mein ganzer Bestand. Mehr konnte ich mir lange nicht leisten.

Ein paar Jahre später hatte ich mir durch Kartoffelsammeln und andere Helferdienste wieder etwas Geld gespart und kaufte mir ein kleines Tonbandgerät – ein *Teltape.* Es wurde 1958 von einem deutschen Ingenieur erfunden und galt als das erste volltransistorisierte Tonbandgerät der Welt. Die Transistor-technik ermöglichte kleine Bauweisen, geringe Herstellungs-kosten und trug so zum Verkaufserfolg dieser Neuheit bei.

Für mich war es ein großartiges Wunderding. Von nun an konnte ich meine Lieblingsmusikstücke und -schlager mittels Bananenstecker über das Radio aufnehmen und jederzeit wieder abspielen. Aber es war nicht nur Musik, die ich auf Magnetbändern konservierte. Ein mitgeliefertes Mikrofon ermöglichte mir, in die Rolle eines Reporters zu schlüpfen. Ich übte mich in Radioansagen, Sportkommentaren, nahm Küchengespräche und kleine Hörspiele auf. Meine Akteure waren grunzende Schweine, schnatternde Enten und vorbeifahrende Autos. Ich selbst spielte die Rolle des Erzählers oder Interviewers. Das kleine Tonbandgerät beflügelte meine Phantasie auf ungeahnte Weise. Es begleitete mich mehrere Jahre und schenkte mir unzählige schöne Stunden.

Zu Beginn der 70er Jahre kamen Tonbandkassettengeräte auf und fanden schnell Verbreitung. Es war schick, diese tragbaren Geräte auf Partys oder Treffen mitzubringen und aktuelle Musikhits abzuspielen. Mein Bruder baute mir in mein erstes Auto einen solchen *Rekorder* ein. Das Autofahren an sich war schon eine schöne Sache, aber mit musikalischer Untermalung aus klangvollen Lautsprechern ein noch größeres Vergnügen. Begleitet von dem Stück *Wish you were here* von Pink Floyd durch eine großartige Landschaft zu fahren, fand ich einfach himmlisch.

Gesänge

Wenn ich an meine Jahre in der Volksschule zurückdenke, höre ich vor allem Chöre. Wenn der Krieg auch bereits mehrere Jahre zurücklag und wir Kinder nichts von ihm wussten, so waren seine Nachwirkungen bei den Menschen im Dorf immer noch spürbar. Ein dunkler Schleier lag unsichtbar über dem Land und prägte die allgemeine Stimmung. So jedenfalls empfand ich es damals.

Vielleicht wurde deshalb so viel in der Schule gesungen. Fröhliche Gesänge befreiten die Gedanken und ließen die Menschen träumen.

In allen Klassen wurde das Singen geübt, vor allem die Mädchen nahmen es dankbar an. Wir Jungen waren dagegen nicht allzu begeistert. Aber uns blieb keine Wahl, wir mussten den Mund aufmachen und unser Bestes geben.

Ich war nicht musikalisch und besaß auch keine klangvolle Stimme. Im Fach Musik reichte es im 3. Schuljahr nur zu einem *Mangelhaft*. Für unseren Lehrer Otto Empen hatte dieses Fach einen hohen Stellenwert. Er hörte mich singen und fand an meinem Vortrag keinen Gefallen. Im Klassenchor musste ich zwar mitsingen, aber in der hintersten Reihe. Am besten ganz leise oder stimmlos.

Eigentlich wurde in der Schule zu jedem passenden Anlass gesungen: Zur Frühlingsbegrüßung, zum Herbst, zum Winter, zu Weihnachten, zu Geburtstagen, auf Ausflügen, zur Einstimmung und zum Abschluss einer Unterrichtsstunde. Wir hatten das ganze Repertoire an Volks- und Heimatliedern drauf. Einfach singen genügte nicht. Es musste mehrstimmig oder im Kanon gesungen werden.

Ich muss zugeben, es hörte sich auch gut an. Aber bei mir kam keine Begeisterung auf, schon gar nicht für die vielen Chorproben. Ich glaube, dass es mehrere Jungs gab, die sich lieber einer anderen Aufgabe gewidmet hätten.

Auch in den Pausen sangen die Mädchen gern auf dem Schulhof. Jungs taten das eigenartigerweise nie. Wenn wir mit dem Bus einen Schulausflug unternahmen und die Mädchen plötzlich ihre Lieder anstimmten, war das eine schöne Untermalung unserer Fahrt ins Grüne. Wenn sie Schlager sangen, wünschte ich manchmal, der Sänger zu sein, den sie und dessen Stimme anhimmelten. Leider besaß ich nicht die nötige Begabung, wie man mir im Zeugnis attestiert hatte.

Aber in der 7. Klasse änderte sich meine skeptische Haltung zum Musikunterricht. Der pensionierte Musiklehrer Hans Rettberg wurde unser Klassenlehrer, ein Mann von blendender Erscheinung, feinen Umgangsformen und pädagogisch wie musikalisch höchst kompetent. Bei ihm bekam ich in Musik die Note *sehr gut*. Das war aber weniger meiner Stimme als vielmehr dem Umstand geschuldet, dass ich Akkordeon spielte. Aber durch den neuen Lehrer und dessen angenehmes Auftreten fand ich auch mehr Interesse am Singen. Überhaupt war dieser Lehrer ein Glücksfall für unsere Schule und für uns Schüler, denn er war engagiert, hat unsere Talente gesehen und uns in vieler Hinsicht gefördert.

Im Jahr darauf besuchte ich den Konfirmandenunterricht. Pastor Fritz Kardinal verlangte auch unser regelmäßiges Erscheinen im Sonntagsgottesdienst, anderenfalls würde er uns nicht konfirmieren. Und so hörte ich Sonntag für Sonntag Kirchenlieder, die der damalige Kantor Hermann Hansen an der Orgel begleitete. Der Pastor wollte, dass wir Konfirmanden auf der Empore Platz nahmen. Die Mädchen saßen in der Nähe der Orgel. Ihre hellen, klaren Stimmen mischten sich mit den sonoren Klängen des großen Instruments. Wenn ihre Gesänge und die wuchtigen Pfeifenlaute ertönten und die Morgensonne dazu ihr Licht durch die großen Fenster in den Kirchenraum schickte, war das oft ein grandioses Zusammenspiel.

Wenn ich mich heute frage, welche Eindrücke aus meiner neunjährigen Schulzeit in Ostenfeld mir besonders in Erinnerung geblieben sind, dann sind es in der Tat die schönen Chorstimmen der Mädchen, die uns überall begleiteten.

Heimatkunde

Das Fach Heimatkunde wurde bei uns in der Volksschule vom 2. bis 4. Schuljahr unterrichtet. An den Inhalt dieses Unterrichts erinnere ich mich nicht mehr. Aber wahrscheinlich gehörten Ausflüge in die nähere Umgebung dazu. Wir Kinder waren begeistert, wenn es hieß: *Morgen unternehmen wir eine Wanderung.* Die Lehrer machten sich dann mit ihren Klassen auf den Weg zu einem vorgegebenen Ziel. Besonders zu Frühlingsbeginn zogen wir singend hinaus, um die neue Jahreszeit zu begrüßen. Blumen und andere Gewächse am Wegesrand wurden uns vorgestellt. Wir pflückten Blüten und Blätter, um sie später in der Schule oder zu Hause in unsere Hefte zu kleben und mit Namen zu versehen. Auch im Herbst machten wir solche Ausflüge, insbesondere in den Wald, um Bäume, ihre Früchte und Blätter zu sammeln und zu bestimmen.

Mehrere Male marschierte die ganze Schule mit allen Lehrern in den Wald oder an den Dorfrand, um den *Tag des Baumes* zu begehen. Waren wir an Ort und Stelle angekommen, hielt Hauptlehrer Hermann Hansen eine Rede. Anschließend wurde der feierliche Akt mit der Pflanzung eines Bäumchens gekrönt. Danach wurden noch Heimatlieder angestimmt.

Ich glaube, wir Schüler haben diesen Tagen nicht viel abgewinnen können. Es hieß, wir sollten den Wald und die Bäume achten und schützen, denn sie seien ein wertvoller Teil unserer Heimat. Aber diese Festtage empfanden wir als langweilig. Die Veranstaltungen vermochten nicht, uns den Lebensraum Wald näherzubringen. Das einzig Gute an ihnen war, dass wir an die frische Luft kamen und der Unterricht Pause hatte.

Unter dem Begriff Heimat verstehe ich unter anderem die Geschichte, Kultur und Sprache, die Flora und Fauna eines Landes oder einer Region. Ich denke, uns Schülern ist damals davon einiges vermittelt worden. Aber die Sprache, die ursprünglich hier gesprochen wurde, war nicht Gegenstand des Unterrichts. Im Gegenteil: *Plattdeutsch* durfte nicht gesprochen werden. Sie galt als überkommen, unmodern und sollte ausgemerzt werden.

In mehreren Ostenfelder Familien war sie aber immer noch die Hauptsprache. Die Kinder dieser Familien hatten es in der Schule nicht leicht, mussten sie doch ihre Heimatsprache verleugnen. Im Unterricht hörte ich öfter, wie einige Schüler vom Hochdeutschen plötzlich ins Plattdeutsche fielen und dafür gescholten wurden. So fehlte einmal ein Schüler. Der Lehrer schaute auf dessen anwesenden Bruder und fragte nach dem Grund des Fehlens. Darauf antwortete dieser in zwei kurzen Sätzen, wobei er den zweiten Satz besser für sich behalten hätte: *Min Broder is krank. He schall döschen.*

Die Landwirtschaft zu versorgen, die Ernte einzubringen, hatte in früheren Zeiten Vorrang vor dem Schulbesuch. Es ging um die Existenz der Bauernfamilien und um die Versorgung der Menschen mit Nahrungsmitteln. Auch das ist Teil der Heimatgeschichte und der ländlichen Kultur. Davon hörten wir im Unterricht aber kaum etwas.

Heute gewinnt die Kultur- und Traditionspflege erfreulicherweise wieder mehr Zuspruch. Dass beispielsweise Heimatsprachen nicht verlorengehen sollten, ist heute nicht nur allgemein anerkannt. In vielen Bereichen wird ihre Wiederbelebung sogar ausdrücklich gefördert.

Stockschläge und Ohrfeigen

In meiner Schulzeit gehörte körperliche Züchtigung durch Lehrer leider zum Alltag. Es war schrecklich, miterleben zu müssen, wie Mitschüler mit dem Stock geschlagen wurden. Auch ich selbst blieb von solcher Praxis nicht verschont.

Die Anlässe dafür waren Lügen, nicht erledigte Hausaufgaben und andere Vergehen. Wenn der Lehrer die Haushefte kontrollierte, wurden einige Schüler nervös. Es kam öfter vor, dass Schüler die gestellten Aufgaben zu Hause nicht erledigt hatten. Der Lehrer machte meistens nur Stichproben, manchmal allerdings ging er auch von Bank zu Bank. An anderen Tagen wiederum kontrollierte er überhaupt nicht. Sein Verhalten war unberechenbar. Wir Schüler waren also gut beraten, wenn wir unsere Pflichten stets erfüllten.

In Schleswig-Holstein regelte eine Dienstordnung von 1950, was den Lehrern erlaubt war: Danach durften sie Jungen in den Klassen 3 bis 7 *körperlich züchtigen*. Die Züchtigung von Mädchen war gänzlich untersagt. Schläge an den Kopf, also auch Ohrfeigen, waren verboten. In Paragraf 12 hieß es: *Die körperliche Züchtigung darf nicht für den nächsten Tag angedroht werden. Sie darf nicht in Erregung erfolgen. Sie soll tunlichst nicht in Gegenwart anderer Kinder ausgeführt werden.*

In der Otto-Thiesen-Schule haben während meiner Schulzeit zwei Lehrer von dieser Möglichkeit Gebrauch gemacht, einer von ihnen sogar über die Maßen, und zwar stets vor der ganzen Klasse. Wenn dieser Lehrer sein Opfer zu sich nach vorne rief, graute uns übrigen Schülern vor dem, was vor unseren Augen stattfinden sollte. *Bück dich!*, befahl der Lehrer. Es kam vor, dass der Junge zögerte. Das war in der Regel strafverschärfend.

Letztlich entkam keiner den harten Schlägen aufs Hinterteil mit dem Stock. Es war entwürdigend für jeden, der sich dieser unsäglichen Prozedur stellen musste. Und wir sahen mit Entsetzen zu. Wir fühlten alle mit dem Gepeinigten. Die Schläge, die er erdulden musste, waren auch Hiebe auf unsere empfindlichen Kinderseelen.

Manchmal legte der prügelnde Lehrer seine ganze Kraft in die Schläge und schien hinterher aus der Puste. *Jetzt setz dich!,* forderte er den Geschlagenen auf. Dabei wusste er doch, dass der Schüler sich mit seinem geschundenen Hintern vor Schmerzen nicht setzen konnte. Aber der Lehrer bestand darauf und bestrafte unseren Mitschüler auf die Weise doppelt.

Die Prügelstrafen waren grausame Vorstellungen und eine pädagogische Bankrotterklärung für die damalige schulische Praxis. Wenn ich mich recht erinnere, wurden nur Kinder der *kleinen Leute* verprügelt, Abkömmlinge der großen Bauern wurden verschont. Ich glaube nicht, dass die Bauernsöhne immer ihre Hausaufgaben gemacht und nie den Lehrer ange-logen haben.

Die Schülerinnen wurden milder behandelt. Auch sie mussten, wenn sie gegen eine Regel verstießen, nach vorn ans Lehrerpult gehen, um sich eine kleine Strafe abzuholen. Es waren meistens sanfte Stockschläge auf die Hand. Hauptlehrer Hermann Hansen, der weniger mit dem Stock prügelte, hatte eine besondere Spezialität: Mit seinem Handknöchel rieb er druckvoll am Nacken seiner Opfers entlang, was für die Betrof-fenen natürlich sehr schmerzvoll war.

Einmal wurde ich Zeuge einer Auseinandersetzung zwischen dem Hauptlehrer und einem seiner Schüler aus der 9. Klasse. Hermann Hansen versetzte dem eine Ohrfeige und kassierte von diesem blitzschnell eine zurück. *Ich lasse mich von dir nicht schlagen!* schrie er den Lehrer an. Der war von dieser unerwarteten Reaktion so verdutzt, dass er sprachlos blieb und unschlüssig mit offenem Mund dastand. Dann wandte er sich von dem Schüler ab und ging auf sein Pult zu. Beide Kontrahenten setzten sich. Der Vorfall hatte offenbar kein Nachspiel, denn dem Lehrer war sicherlich bewusst, dass er einen Schüler nicht ohrfeigen durfte. Die geltende Dienstordnung verbot, einen Neuntklässler überhaupt zu züchtigen.

Aber von Seiten der Eltern war ohnehin kaum zu erwarten, dass sie sich gegen Prügelstrafen in der Schule auflehnten. Sie waren bis dato allgemeine Praxis, und sie selbst hatten sie früher als Schüler schon am eigenen Leib schmerzvoll erfahren. Noch 1960 fand die Hamburger Schulbehörde es richtig, dass *amtlich genehmigte Rohrstöcke zur Verfügung stehen, gegen deren Verwendung auch Ärzte keine Bedenken erheben.*

In der DDR waren Prügelstrafen bereits 1949 verboten, in den Niederlanden sogar schon 1820 und in Frankreich 1881. Für Schleswig-Holstein wurde ein solches Verbot erst 1970 erlassen. Leider kam es für mich und meine Leidensgenossen zu spät.

Was willst du denn einmal werden?

Diese Frage stellten Erwachsene den Kindern oft. Unsere Träume, einmal Clown, Lokomotivführer oder Polizist zu werden, stiegen wie Seifenblasen gen Himmel und zerplatzten irgendwann.

Als unsere baldige Entlassung aus der Volksschule anstand, war es eigentlich schon zu spät, sich zu fragen, welchen Beruf wir wirklich wählen sollten. Die Schule hatte uns auf die Arbeitswelt nicht vorbereitet. Wir übten uns im Abfassen eines handgeschriebenen Lebenslaufs; das war aber auch alles. Ein Berufsberater des Arbeitsamtes stattete unserer Klasse zwar einmal einen Besuch ab. Aber viel mehr als *Guten Tag* hat er kaum gesagt. Er gab ein paar allgemeine Ratschläge und lud uns zu einem Beratungsgespräch nach Husum ein.

Als ich ihm an seinem Schreibtisch gegenübersaß, schaute er auf mein Zeugnis und meinte, ich sei ja offenbar ein guter Rechner und empfahl mir eine kaufmännische Lehre. Er suchte in einem Zettelkasten und übergab mir drei Adresskarten. Dort sollte ich mich vorstellen: Bei der Krankenkasse und bei zwei Hinterhofwerkstätten mit Büro.

Krankenscheine wollte ich nicht ein Leben lang bearbeiten, und als ich den ersten empfohlenen Hinterhof betrat, grauste mir vor dem Platz, der einer Müllhalde ähnlich sah. Niemand war vor Ort, die Firma schien wie verlassen. Da fasste ich den Entschluss, vorerst keine Lehre anzustreben, sondern eine weiterführende Schule zu besuchen, falls ich dort Aufnahme finden sollte.

Für alle meine Mitschüler und Mitschülerinnen war das Schulende ein einschneidendes Datum. Wir mussten uns für einen Beruf entscheiden, wussten jedoch kaum etwas über Voraussetzungen und Anforderungen, die gestellt wurden. Praktika gab es damals nicht. Was erwartete uns, und welche Möglichkeiten besaßen wir? Früher blieben viele im Dorf, die Mädchen oft in Haushalten, die Jungen landeten im Handwerk oder in der Landwirtschaft. Zum Zeitpunkt unserer Entlassung hatte sich das Dorf strukturell stark gewandelt. Für Mädchen gab es hier keine Ausbildungsstellen. Die Jungen, die in Ostenfeld bleiben wollten, konnten vielleicht Maler, Schlachter, Bäcker oder Heizungsbauer lernen. Husum bot eine größere Auswahl, und dort landeten schließlich auch die meisten von uns und machten ihre ersten Schritte in die Berufswelt.

Mehrere meiner Mitschüler nutzten die gute schulische Basis, die uns damals die Volksschule vermittelte, und erreichten über verschiedene Bildungswege gute berufliche Positionen. Meine Mitschülerinnen erlernten überwiegend kaufmännische Berufe. Eine wurde Notariatsgehilfin, eine andere später Berufsschullehrerin. Aus der Jungenriege ging ein Bankkaufmann, ein Steuerberater und Agraringenieur, ein Tischler, ein Steinmetz und ein Katastrophenforscher mit Doktortitel hervor, der an der Kieler Universität arbeitete. Ich selber bin Pädagoge in der Erwachsenenbildung geworden und staune, welche Möglichkeiten wir mit unserem dörflichen Hintergrund ausschöpfen konnten. Wir gehörten einer Generation an, der die Bildungspolitik manche Türen geöffnet hatte, die den vorherigen verschlossen geblieben waren.

Der Mann im Wald

Es war Anfang der 80er Jahre. Ich spazierte im Lehmsieker Wald, als unvermittelt ein Mann auf mich zutrat und mich ansprach. Er hielt seinen linken Arm, der mit einem Tuch dick umwickelt war, mit der rechten Hand vor seinen Bauch und fragte: *Wer bist denn du? Wo kommst du her?*

Von einem fremden Menschen so direkt und dazu per *Du* angesprochen zu werden, irritierte mich im ersten Augenblick. Doch der Mann lächelte entwaffnend und strahlte eine derartige Freundlichkeit aus, dass ich ihm nicht ausweichen wollte und beantwortete seine Fragen. So entstand ein offenes Gespräch, dass er suchte, und zwar nicht nur mit mir, sondern mit allen Menschen, denen er im Wald begegnete.

Dann erzählte mir Claus Hansen seine Geschichte. Er wohnte in Winnert und besaß einen Bauernhof, den sein Sohn und seine Frau bewirtschafteten. Im Krieg war er durch Granatsplitter schwer verwundet worden. Teile dieser Splitter befanden sich noch in seinem Körper und wanderten in Herzrichtung. Sie konnten operativ nicht entfernt werden und verursachten dem Mann große Schmerzen in seinem linken, steifen Arm, wenn ihn Schallwellen ratternder Motoren oder anderer Geräuschquellen trafen. Die Stoffwickel dienten dazu, ankommende Lärmwellen zu dämpfen. Im Dorf, wo ständig Autos und Trecker fuhren und irgendwelche Maschinen liefen, plagten ihn ständig Schmerzen.

Bis 1970 konnte er seinen Hof noch einigermaßen bewirtschaften. Doch dann wurden die Schmerzen für ihn so unerträglich, dass er die Arbeit auf dem Hof aufgeben musste. Er suchte einen Ort, wo es verhältnismäßig still war, und fand ihn im Langenhöfter Forst in Ostenfeld. In dieser Umgebung spürte er nur noch wenig Schmerzen. So entschloss er sich, tagsüber von Frühjahr bis Herbst in diesem Wald zu verbringen. Mit Proviant ausgestattet verließ er morgens den Hof und kehrte erst am Abend wieder zurück. Auf dem Hof bewohnte er einen eigenen Bereich mit dreifacher Fensterverglasung. Seine Familie versuchte, jede Art von Lärm von ihm fernzuhalten, was nicht leicht zu bewerkstelligen war.

Da der Ostenfelder Wald von landwirtschaftlichen Flächen umgeben ist, auf denen immer wieder Traktoren und andere Maschinen eingesetzt wurden, wechselte Claus Hansen in den Lehmsieker Wald, in dem es ruhiger war.

Als ich ihm das erste Mal begegnete, hatte er sich tagsüber schon mehrere Jahre dort aufgehalten. Der Wald war zu seinem Schutzraum geworden und seine Lebewesen, die Bäume, Pflanzen und Tiere, wurden seine Vertrauten. Er kannte die Plätze, an denen Jahr für Jahr seltene Blumen blühten und Pilze wuchsen. Nur deren Namen wusste er nicht. Füchse, Dachse und andere Waldbewohner hatten keine Scheu vor ihm, da sie seinen Geruch kannten und den Mann nicht als Gefahr betrachteten. Wenn sie auf ihn stießen, beunruhigte sie das nicht weiter. Das gab ihm die Möglichkeit, die Tiere aus nächster Nähe zu beobachten. So wusste er immer, wenn sie gerade Junge aufzogen, denn er kannte ihre Baue und Nester.

Im Wald entdeckte er die verschiedensten essbaren Früchte, Kräuter und Wurzeln, die seinen mitgebrachten Proviant ergänzten. Ich traf Claus Hansen öfter im Wald. Jedes Mal umwehte ihn der Geruch von Knoblauch. Er verspeiste gern die zarten Knollen des Bärlauchs, der diesen Duft verströmte. Der Knoblauchgeruch würde ihn vor Mücken- und Zeckenstiche bewahren, war er überzeugt. Zusätzlich rieb er regelmäßig unbedeckte Körperstellen an Fuß- und Handgelenken sowie am

Hals mit Gewehröl ein. So fühlte er sich vor Angriffen der Insekten sicher, vor allem, wenn er zum täglichen Mittagsschlaf ein ruhiges Plätzchen aufsuchte.

Ich glaube, dass die langen Aufenthalte im Wald ihn sehr geprägt haben in seiner Art, wie er mit Menschen sprach und wie er auf sie reagierte. Er ging immer direkt auf sie zu, stellte ohne Umschweife Fragen, die normalerweise nur intimen Freunden gestellt werden. Vielleicht ließ ihn das Leben im Wald zu der Erkenntnis kommen, dass man Menschen direkt und unverstellt begegnen sollte, wahrhaftig und einfühlsam. Menschen, bei denen er Zurückhaltung spürte, sprach er auch nicht an.

Claus Hansen erzählte mir von einem Professor, den er eines Tages antraf, und der in dem Wald und im angrenzenden Moor nach seltenen Pflanzen suchte. *Wenn du mir die Pflanzen beschreibst, kann ich sie dir zeigen. Ich kenne nicht deren Namen, aber ich weiß, wo sie wachsen*, bot er dem Mann seine Dienste an. Und so streiften beide durch das weite Moor- und Waldareal und fanden Raritäten, die der Professor bisher nur aus Büchern kannte. Die Entdeckungen machten den Mann glücklich, und er bedankte sich bei seinem Scout. *Du kannst gern wiederkommen, dann zeige ich dir noch mehr. Aber bring beim nächsten Mal Kuchen und 'ne Flasche Rotwein mit*, sagte Claus Hansen in seiner direkten, unverblümten Art. Ein Glas Rotwein trank er abends gern zu Hause, um besser einschlafen zu können. Der Professor kam wieder und hatte auch die erbetene Wegzehrung dabei.

Ein anderer Besucher erwies sich als Journalist, der über den *Mann im Wald* einen Artikel schreiben wollte. Claus Hansen erzählte ihm gern von seinem ungewöhnlichen Leben, stellte aber die Bedingung: *Kein Foto von mir!* Einige Tage später erschien ein ganzseitiger Zeitungsbericht – mit Bild. Der Journalist hatte ihn entgegen der Zusage heimlich fotografiert. Claus Hansen war enttäuscht über den Wortbruch, aber auch wohl stolz, dass seine Geschichte so viel Platz in der Zeitung eingenommen hatte.

Claus Hansen

Ich begegnete Claus Hansen gern. Seine ehrliche, fröhliche Art gefiel mir. Er hat mir viel über den Wald erzählt, wer alles in ihm lebt und was hier wächst und hat mir Stellen gezeigt, wo schöne Pilze wuchsen. Oft hat er Steinpilze, Pfifferlinge und andere Gewächse mit nach Hause gebracht und sich und seiner Familie eine schöne Mahlzeit beschert. Oft haben ihn seine Enkelkinder imWald begleitet, auch sein Sohn hat ihn dort mehrfach besucht. Die Familie fühlte sich mit dem Lebensraum des Großvaters und Vaters eng verbunden und genoss die gemeinsamen Ausflüge mit ihm. Er zeigte ihnen gern sein *grünes Wohnzimmer* und dessen verschwiegene Plätze. Auch Schulklassen führte er durch den Wald und ins Wilde Moor und machte die Jungen und Mädchen auf die Besonderheiten dieser Biotope aufmerksam.

Als ich Jahre später wieder im Lehmsieker Wald spazieren ging, traf ich seinen ungewöhnlichen Mitbewohner nicht mehr an. Claus Hansen (1920 – 2001) lebte nicht mehr. Bis zum Schluss, über drei Jahrzehnte, war der Wald sein Refugium. Ich hatte gehofft, ihn noch mal anzutreffen, denn ich schätzte ihn als Menschenfreund und angenehmen, lebensklugen Gesprächspartner.

Besucher an der Haustür

Die 50er Jahre waren die vielzitierten Wirtschaftswunderjahre. Das zerstörte Deutschland wurde mit Tatkraft und Fleiß wieder aufgebaut, die Löhne und der allgemeine Wohlstand stiegen. Auch in unserem Dorf war dieser Aufschwung spürbar. Auf den Höfen wurden immer mehr Pferde durch Trecker ersetzt, Moped- und Autokäufe nahmen zu, und das Warenangebot beim Kaufmann wuchs zusehends.

Aber viele Dorfbewohner hielten sich mit Käufen zurück und sparten lieber. Sie zögerten noch, sich einen Fernseher, eine Waschmaschine oder einen Kühlschrank zu kaufen, auch wenn andere diese Neuheiten schon längst besaßen. Die Politik der Regierung setzte auf Konsumsteigerung, damit die Wirtschaft angekurbelt wurde. Das war die Stunde für einen neuen Berufsstand, der das Land bald überschwemmte.

Handelsvertreter der verschiedensten Branchen zogen durch die Dörfer, um deren Bewohner ihre Waren anzubieten. Sie erschienen oft in Schlips und Kragen und priesen ihr Angebot: Bestecksortimente, Haushaltsgeräte, Textilien, Zeitschriftenabonnements. Kaum jemand brauchte diese Dinge unbedingt. Die Kunst der Vertreter bestand darin, die Angesprochenen davon zu überzeugen, dass ihre Produkte das Leben bequemer, schöner und die Käufer damit glücklicher machen würden. Manchmal half auch der Hinweis, dass der Nachbar sie auch schon erworben hätte.

Niemand hat gezählt, wieviele Waschmaschinen auf diese Weise in Ostenfelder Haushalten Einzug hielten. Aber es werden viele gewesen sein. Auch meine Eltern ließen sich zu einem Kauf überreden und zahlten die teure *Blomberg*-Maschine in Raten ab.

Es verging kaum ein Monat, in dem nicht ein Handelsvertreter an unserer Wohnungstür klingelte. Aber meine Eltern besaßen kaum Ersparnisse, daher hielten sie sich mit Käufen an der Haustür zurück. Die Waschmaschine stellte eine Ausnahme dar. Sie war eine lohnenswerte, sinnvolle Anschaffung, denn sie erleichterte die Alltagsarbeit meiner Mutter deutlich.

Es gab kaum etwas, das nicht an der Haustür angeboten wurde. Mein Vater ließ sich überreden, einen angeblich wertvollen Ballen Anzugsstoff aus England zu kaufen, der dann jahrzehntelang ungenutzt im Schrank lag. Abonnentenwerber gelang es des öfteren, uns eine Zeitschrift aufzuschwatzen. Damit würden wir die Ausbildung des Werbers finanzieren helfen, war eines der fadenscheinigen Verkaufsargumente. Wir lernten seriöse Verkäufer und ausgebuffte Betrüger kennen. Händler erklärten, ihre Bürstenware sei in Blindenwerkstätten hergestellt worden, obwohl *Blindenware* nicht an der Haustür verkauft wurde, wie der Verband der Blinden aufklärte.

Einmal klingelte ein etwas heruntergekommener alter Mann mit einer großen Reisetasche an unserer Tür. Ich erkannte ihn von einer seltsamen Begegnung sofort wieder. Er bot Kurzwaren, Seife und Schuhcreme für wenig Geld an. Mutter entschied sich für eine Schuhcreme, zückte gerade ihre Geldbörse, als der Mann einen plötzlichen Zitteranfall bekam. Mutter war von seinem Leiden so berührt, dass sie ihm einen 10-Mark-Schein geben wollte. Nicht für die Schuhcreme, sondern als Gabe, um sein Los zu lindern. Ich deutete ihr, sich zurückzuhalten, da der Mann ein Betrüger war. Er täuschte seine plötzlichen Zitterattacken nur vor und spekulierte auf Mitleid.

Begegnet war ich diesem Mann zuvor schon einmal: Als ich eines Tages mit dem Auto auf dem Weg nach Kiel an einer großen mehrspurigen Kreuzung in Eckernförde hielt, öffnete ein ungepflegter Mann die Beifahrertür und stieg mit brennender Zigarette ungebeten zu mir ins Auto. *Du fährst doch sicher nach Kiel, nimmst mich mit?* sagte er frech. Die Ampel sprang auf Rot, ich musste losfahren. Er hatte den Moment offenbar bewusst abgepasst, um mir keine Wahl zu lassen. Letzlich habe ich ihn nicht nur nach Kiel mitgenommen, sondern noch durch die Stadt bis quasi vor seine Haustür gefahren, weil er mich darum bat. Als Dank fürs Mitnehmen hinterließ er mir einen Brandfleck im Sitzpolster. Und nun stand genau dieser Mann wieder vor uns. Mutter bezahlte nur die Schuhcreme. Sofort hörte die Zitterattacke bei dem Mann auf, da er erkannte, dass sein Schauspiel keine Beachtung fand.

Ich wohnte zu der Zeit in Kiel. Ein Blinder klopfte an meine Tür und bat um eine Gabe. Als ich ihm nachsah, schwang er sich auf sein Fahrrad und verschwand.

Die häufigsten Vertreterbesuche zu Hause bei meinen Eltern waren die mit den Vorwerk-Staubsaugern. Ich wusste davon, dass viele Ostenfelder einen *Kobold* besaßen. Sie wurden im Direktvertrieb über Vertreter an der Haustür verkauft und kosteten das Mehrfache eines vergleichbaren Geräts anderen Fabrikats. Diese Vertreter kamen in unregelmäßigen Abständen immer wieder, beteuerten, nicht verkaufen zu wollen, vielmehr wollten sie nur nachfragten, ob wir mit dem vorhandenen Staubsaugermodell noch zufrieden wären. Wenn man sie reinließ, hatte man schon verloren. Sie schauten nach dem Gerät und stellten fest, dass es angeblich nicht mehr die gewünschte Leistung besaß. Sie verwiesen auf ein neues Modell, dass sie zufällig im Auto dabeihatten. Sie würden es gern einmal kostenlos vorführen … und so weiter.

Am Ende verkauften sie doch das neue Gerät oder ein teures Zusatzteil für das alte. Die Vorwerk-Vertreter wurden zu ungebetenen Dauergästen, immer akurat in Schlips und Kragen, glattrasiert, nett und freundlich. Sie fuhren teure Autos und führten auf Kosten ihrer Kundschaft anscheinend ein gutes Leben.

Wie ihr Geschäftsmodell aussah, erfuhr ich später. Ich radelte durch Oldersbek, als mich ein mir unbekannter junger Mann mit einem großen Rollkoffer freundlich grüßte. Am Abend des selben Tages traf ich ihn zufällig in einer Diskothek wieder. Wir kamen ins Gespräch, und er erzählte freimütig, dass er seit ein paar Monaten Vorwerk-Staubsauger verkaufe und dabei blendend verdiene. Es gehe beim dem Geschäft nur ums Verkaufen, erzählen könne man den Leuten viel, Hauptsache sie unterschrieben einen Kaufvertrag. Ein Staubsauger am Tag sei das Ziel. Wer mehr verkaufen würde, erziele einen Monatsverdienst von mehreren tausend Mark. Denn die Provisionen, die der Hersteller gewähre, seien mehr als verlockend und lägen weit über dem Branchendurchschnitt. Das erkläre auch den hohen Preis der Geräte, meinte der junge Handelsvertreter, dessen Geständnisse mich erstaunten.

In einer Fernsehreportage wurde das Vorwerk-Vertretersystem genauer beleuchtet. Danach funktioniert es nach dem Schneeballprinzip. In der Verkäuferhierarchie gibt es ganz oben den Generalvertreter, dann Bezirksvertreter, Regionalvertreter und Untervertreter. Bei jedem Staubsaugerverkauf verdient jeder einzelne dieser Vertreter mit, der General am meisten, der unter ihm stehende entsprechend weniger und der auf der letzten Stufe am wenigsten. Dennoch verdienen alle ziemlich gut, solange Staubsauger verkauft werden und genügend Untervertreter unterwegs sind.

Ich bin froh, dass mein Staubsauger seit über zwanzig Jahren zuverlässig seinen Dienst verrichtet und ich nicht von Vertretern dieser Branche behelligt werde, denn ich besitze keinen *Kobold* und werde so ein Gerät auch nie kaufen.

Ludwig Erhard und die anderen

Als 13jähriger begann ich Autogramme zu sammeln. In einem früheren Buch habe ich bereits davon erzählt. Mit meiner damaligen Leidenschaft, die ich bis 1968 verfolgte, verbinden sich Episoden, die ein Stück Zeitgeschichte erzählen und mir daher berichtenswert erscheinen.

1966 regierte der aus Franken stammende Ludwig Erhard als Bundeskanzler unser Land. Als Wirtschaftsminister hatte er wesentlich dazu beigetragen, Deutschland in den 50er Jahren wieder wirtschaftlich nach vorn zu bringen. Im Oktober 1963 löste er Konrad Adenauer als Kanzler ab, führte das Amt aber glücklos und trat am 30. November 1966 zurück.

Ludwig Erhard an seinem Schreibtisch im Kanzlerbüro

Kurze Zeit zuvor hatte ich ihm an seinen Amtssitz in Bonn ein Buch (Michael Caro: *Der Volkskanzler*, 1965) geschickt, eine Biografie über ihn, und bat um eine Widmung.

Eigentlich rechnete ich nicht damit, dass der Mann, der gerade eine große politische Krise durchlebte, sich die Zeit nahm, um meiner Bitte zu entsprechen. Aber er tat es, und zwar sehr persönlich. Nach seinem Rücktritt nahm er offenbar die an ihn gerichtete Post mit und zog sich damit nach Gmund am Tegernsee zurück. Dort in seinem Haus tankte er gern auf und verbrachte seine freien Tage mit seiner Familie.

Als ein Paket bei mir eintraf, konnte ich nicht fassen, dass auf dem Adressaufkleber als Absender Prof. Ludwig Erhard, Tegernsee, stand. Im Paket lag das Buch, darin eine mit Tinte geschriebene persönliche Widmung. Dann sah ich mir noch einmal den Adressaufkleber an. Es war die gleiche, schöne Handschrift. Ein Schreiben lag dem Paket nicht bei.

Warum machte sich ein so vielbeschäftigter Mann die Mühe und nahm sich die Zeit, einem Bittsteller wie mir einen Gefallen zu tun? Vielleicht war es die plötzliche Leere in seinem Leben und der Umstand, dass er jetzt viel Zeit zur Verfügung hatte. In für ihn traurigen Lebensumständen Briefe zu lesen, die ihm Zuspruch gaben, war sicherlich tröstend. Vielleicht haben ihn die Zeilen eines Schülers berührt, und dafür wollte er etwas zurückgegeben.

Viele Jahre später schickte ich das Buch einem Sammler, der es kaufen wollte. Auf dem Postweg ist es leider verlorengegangen.

Die 60er Jahre waren die große Zeit der Pioniere, die sich in den Weltraum aufmachten. Die USA und die Sowjetunion lieferten sich einen gigantisch teuren Wettbewerb, wer als erste Nation das All erobern würde. Die Amerikaner holten nach dem Krieg etwa 120 deutsche Raketenspezialisten ins Land, die zuvor dem Nazi-Regime gedient hatten. Sie wurden nicht etwa angeklagt, sondern erhielten mit ihren Familien die amerikanische Staatsbürgerschaft und arbeiteten nun für die US-Forschung. Der bedeutendste Kopf war Wernher von Braun (1912 – 1977), der leitende Tätigkeiten beim Bau von Trägerraketen für Weltraum-Missionen der Raumfahrtbehörde NASA übernahm. Der amerikanische Präsident John F. Kennedy hatte das Ziel ausgegeben, bis Ende der 60er Jahre einen Menschen auf den Mond zu schicken und ihn anschließend wieder auf die Erde zurückzuholen.

Wernher von Braun (rechts) und John F. Kennedy trafen 1962, ein Jahr vor der Ermordung des Präsidenten, zusammen

Die Raumfahrt interessierte mich. Da lag es nahe, den großen Akteuren zu schreiben und sie um ein Autogramm zu bitten. Die russischen Kosmonauten waren in einer 40 Kilometer nordöstlich von Moskau gelegenen, geschlossenen Siedlung untergebracht. Sie hieß *Sternestädtchen* und bildete deren Ausbildungszentrum. Dahin schickte ich meinen Brief und erhielt von der gesamten sowjetischen Kosmonautengarde, einschließlich Juri Gagarin und Vera Tereschkowa, Unterschriften und farbige Porträtfotos. Die sowjetische Führung war stolz auf die Leistung dieser wagemutigen Pioniere und ließ auch Autogrammwünsche durchgehen. In anderen Fällen, beispielsweise an die oberste Sowjetführung, blieben sie unbeantwortet.

Auch die Amerikaner präsentierten gern ihre Erfolge und Helden. Die NASA schickte großformatige farbige Hochglanzfotos mit Autogrammen. Eines zeigt John Glenn, der 1962 als erster US-Astronaut die Erde umkreiste, strahlend in seinem Raumanzug vor der amerikanischen Flagge. Über das ebenso große schwarz-weiße Porträtfoto von Wernher von Braun und dessen Widmung habe ich mich besonders gefreut. Ich hatte die Erfahrung gemacht, dass ausländische Persönlichkeiten mit deutschen Wurzeln oder solche, die in Deutschland studiert hatten, sich für meine Autogrammbitten mehr Zeit nahmen, da sie zu ihrer Unterschrift oft eine freundliche Zeile oder besondere Grüße hinzufügten.

Zu den maßgeblichen Pionieren der amerikanischen Raumfahrtgeschichte zählt auch der aus Deutschland stammende Ingenieur Walter Dornberger. Er war einst Kommandeur der Heeresversuchsanstalt Peenemünde. In den USA entwickelte er die ersten Weltraumfähren, Vorläufer des berühmten *Space Shuttle,* mit denen die bemannte Raumfahrt erst möglich wurde. Er schickte mir ein Autogramm aus Kanada, auf einer Speisekarte eines Montrealer Restaurants. Solche Autogramme liebte ich, erzählten sie doch von ganz privaten Gewohnheiten der Absender.

**Wernher von Braun vor der von ihm entwickelten
Saturn V, mit der die erste Mondlande-Mission
Appolo 11 im Juli 1969 realisiert wurde**

Es gab Politiker, die ich mochte, und solche, die mir nicht sonderlich sympathisch waren. Robert Kennedy (1925 - 1968), den einstigen US-Justizminister und Bruder des ermordeten amerikanischen Präsidenten John F. Kennedy, schätzte ich. Er besaß eine ähnliche Ausstrahlung wie sein Bruder John und strebte ebenfalls das Präsidentenamt an. Im Juni 1968 fiel er jedoch im Vorwahlkampf einem Attentat zum Opfer. Wenige

Tage nach seinem Tod erhielt ich einen großen Briefumschlag von seinem Büro. Ich hatte ihm ein Porträtfoto, das ich von einer amerikanischen Pressestelle in Deutschland bekommen hatte, mit einem Ausspruch von ihm zugesandt und um seine Unterschrift gebeten. Jemand aus seinem Mitarbeiterstab hatte ihm wenige Tage vor dem Attentat meine Karte zur Unterzeichnung vorgelegt, und er versah sie mit seinem Namenszug. Ich konnte mich über dieses Autogramm nicht freuen. Es machte mich zutiefst traurig, dass dieser Mann, mit dem viele Amerikaner die Hoffnung auf eine friedlichere Politik verbanden, das Schicksal sein Bruders teilen musste. Acht Wochen zuvor wurde der schwarze Bürgerrechtler Martin Luther King ermordet, eine Symbolfigur für den gewaltlosen Kampf gegen Unterdrückung und soziale Ungerechtigkeit.

Walt Disney (1901 – 1966), einer der prägendsten Persönlichkeiten der US-Filmbranche, hat mit seinen gezeichneten Tierfiguren und Trickfilmen Generationen von Kindern wie auch Erwachsenen Freude bereitet. Er hatte ein Unterhaltungsimperium aufgebaut, das immer noch floriert und weltweit Zuspruch findet. Auch ihn bat ich um ein Autogramm. Wenige Tage vor Weihnachten traf ein Briefumschlag aus Burbank in Kalifornien bei uns zu Hause ein. Er kam von den *Walt Disney Studios*, der Unternehmenszentrale des Imperiums. Mir war ein bisschen unheimelig, denn ich konnte nicht mehr mit einem Autogramm von Herrn Disney rechnen, da die Nachrichten meldeten, dass er am 15. Dezember 1966 verstorben sei. Er hatte sich bis zuletzt um alle Belange seines großen Unternehmens gekümmert und erschien regelmäßig in seinem Büro in Burbank. Seine Unterschrift erschien wie gemalt mit kindlicher Note. Sie passte zu dem Zeichner, der sein Leben lang zur Freude der Kinder beigetragen hatte.

Die Briefe aus Amerika kamen in der Regel per Luftpost, es gab jedoch unterschiedlich schnelle Beförderungsstufen. Jedenfalls kamen die Postsendungen oft erst nach zehn bis vierzehn Tagen bei mir an. Das erklärt, warum ich Briefe von Absendern erhielt, die zuvor verstorben waren.

Ich schrieb manche schon recht betagte Persönlichkeiten an, denen eigentlich nicht zuzumuten war, sich noch um Autogrammwünsche zu kümmern. Aber ich versuchte es trotzdem. Der spanische Maler Pablo Picasso (1881 – 1973) bewohnte ein Schloss im südfranzösischen Aix-en-Provence. Es hieß, er fühle sich von Touristen belästigt und hätte sich deshalb auf das einsam gelegene Schloss zurückgezogen. Autogrammanfragen erreichten ihn aber auch dort. Meinen Brief, den ich auf Deutsch und Englisch verfasste, beantwortete er nicht. Meine fehlenden Kenntnisse der Muttersprachen der Angeschriebenen waren sicher mit ein Grund dafür, dass meine Bitten manchmal nicht erhört wurden. Aber viele berühmte Zeitgenossen lehnten es auch grundsätzlich ab, Autogramme zu geben.

Das britische Königshaus etwa ließ mich wissen, dass die Königin *keine Autogramme zu geben pflegt*. Daher machte ich erst gar nicht den Versuch, anderen hohen Adel anzusprechen. Lediglich bei dem Fürstenpaar von Monaco, Fürst Rainier III. und Grace Kelly, machte ich eine Ausnahme und hatte Erfolg.

Der großartige Schauspieler und Regisseur Charlie Chaplin (1989 – 1977) erfüllte durchaus Autogrammwünsche, das war in der Sammlerszene bekannt. Er lebte in der Schweiz auf einem herrschaftlichen Anwesen am Genfer See und drehte 1967 gerade seinen letzten Kinofilm (*Die Gräfin von Hongkong* mit Marlon Brando und Sophia Loren). In dieser Zeit schrieb ich ihm, unwissend, dass er intensiv mit dem Projekt beschäftigt war. Eine Antwort aus der Schweiz blieb leider aus.

Auch der der österreichische Maler Oskar Kokoschka (1886 – 1980) schätzte die schöne Wohnlage am Genfer See. Sein Domizil lag nur wenige Kilometer von Chaplins Anwesen entfernt. Er nahm sich tatsächlich die Zeit, schickte mir ein Porträtfoto mit seiner Unterschrift und beschriftete auch den Briefumschlag mit eleganten Federstrichen, so dass er wie gemalt erschien. Das empfand ich als ein sehr besonderes Geschenk.

Oskar Kokoschka

Die Adressen der Angeschriebenen verdankte ich den Redaktionen des Magazins *Stern* und der *BildZeitung*. Ich bat sie immer wieder brieflich darum und sie teilten mir freundlicherweise viele Anschriften prominenter Zeitgenossen mit. Heute würde die Datenschutzgesetze das nicht mehr zulassen.

Die gesammelten Autogramme besitze ich nicht mehr. Ein Kölner Auktionshaus hat den größten Teil bereits vor mehren Jahren für mich versteigert. Den Restbestand habe ich in einzelnen Partien im Internet angeboten und verkauft. Für mich war der Besitz solcher Dokumente nicht mehr wichtig. Heute sehe ich es so: Ich wollte als junger Mensch der Enge des Dorfes entfliehen und suchte die Verbindung zur großen Welt. Das Briefeschreiben und der Kontakt mit Personen, die so viel bewegten, verhalfen mir zu einer Reise in ihre Welt.

Ich widmete mich nun meinem beruflichen Fortkommen und gedachte nicht, je wieder einem Prominenten einen Brief zu schreiben. Aber es ergab sich, dass ich es Jahre später doch tat. Für meinen Studienabschluss arbeitete ich an einer Diplomarbeit, die die Verfilmungen der Novelle *Der Schimmelreiter* von Theodor Storm zum Thema hatte. Die erste Verfilmung von 1933 enthält eine Szene, in der der *Ostenfelder Poolsch*, eine aus unserem Dorf stammende Polka-Version, getanzt wurde. Die Schauspielerin Marianne Hoppe (1909 – 2002) wirkte in dem Film als Hauptdarstellerin mit. Sie war die letzte lebende Zeitzeugin.

Ich schickte einen Brief mit einigen Fragen zu ihr nach Oberbayern, wo sie zurückgezogen auf ihrem Berghof lebte. Über ihre prompte Antwort im März 1978 war ich überrascht und erfreut. Sie entschuldigte sich, eine Schreibmaschine zu benutzen, aber mit der Hand zu schreiben fiele ihr zunehmend schwer. Sie erzählte ausführlich über die damaligen Dreharbeiten in Nordfriesland und in einem Berliner Studio. Nebenbei erwähnte sie auch Privates, deutete an, dass sie ihre Filmgage in einen Autotraum investierte – in ein *BMW Cabriolett,* das damals etwa 7500 Reichsmark kostete und damals als das schönste Auto der Welt galt. Nur wenige Exemplare wurden von dem Modell gebaut. Es machte bei Autorennen Furore und war bei Prominenten außerordentlich begehrt.

BMW 328 Roadster, das Traumauto der 30er Jahre

1987 arbeitete ich im Rathaus der Hansestadt Lübeck im Kulturamt und war an den Vorbereitungen der alljährlich stattfindenden *Nordischen Filmtage* beteiligt. Die Stadt war Ausrichter dieser mehrtägigen Veranstaltung, bei der Filme und Filmschaffende der nordischen Länder einem internationalen Publikum vorgestellt wurden.

Die Veranstaltungsleitung hatte bereits in der Vergangenheit mehrere Versuche unternommen, mit der schwedischen Autorin Astrid Lindgren Kontakt aufzunehmen, um sie als Ehrengast nach Lübeck einzuladen, allerdings ohne Erfolg. Als man sie erneut auf Englisch anschreiben wollte, bot ich an, einen Brief zu entwerfen. Mir war bekannt, dass sie ziemlich gut deutsch sprach, und so schrieb ich ihr, schlicht und ungestelzt wie sie es auch in ihren Büchern hielt.

Astrid Lindgren, die schwedische Kinderbuchautorin

Es vergingen einige Wochen. Dann erschien eines Morgens der Amtsleiter im Büro und übergab mir einen ungeöffneten Brief und sagte knapp mit ironischem Beiklang: *Post für Sie aus Schweden.* Er wusste, dass er von Astrid Lindgren kam, denn es stand ihr Absender auf dem Umschlag. Mein Chef durfte ihn aber nicht öffnen, da die Anschrift in der ersten Zeile meinen Namen trug. Es war also ein persönlich an mich gerichteter Brief. Für mich war es ein sehr berührender Moment, von der berühmten Autorin einen Brief in den Händen zu halten. Am liebsten hätte ich ihn mit nach Hause genommen, um ihn in Ruhe zu lesen. Aber das verbot sich. Astrid Lindgren besaß eine kleine mechanische Schreibmaschine, die sie auf ihrem Schreibtisch immer griffbereit hatte. Den Brief verfasste sie offenbar in ihrer Stockholmer Wohnung auf dieser vertrauten Maschine, bei der manche Buchstaben eigenwillig aus der Reihe tanzten.

An diesem Platz schrieb Astrid Lindgren viele ihrer weltberühmten Erzählungen

Lieber Herr Spurgat, begann sie und schrieb ohne große Vorrede: *Mach dir keine Sorgen ...* und erklärte, dass sie gerne nach Lübeck kommen wolle.

Anfang November, wenige Tage vor ihrem 80. Geburtstag empfing sie die Hansestadt und feierte ihren Besuch, unter anderem mit einer Retrospektive der schönsten Verfilmungen ihrer Romane. Die Gastgeber hatten viele Termine für sie vorgesehen. Es muss sehr anstrengend für die Autorin gewesen sein, allen gerecht zu werden. Mir tat es leid, dass sie so vereinnahmt wurde. Erfreulich war, dass sie Gelegenheit hatte, ihre junge Lesergemeinde zu treffen. Unkompliziert wie sie war, lud sie zahlreiche Kinder einfach zu einer gemeinsamen Kaffeetafel ein, die einen fast privaten Charakter besaß. Ich glaube, die offiziellen Termine mochte sie überhaupt nicht. Es war mir leider nicht vergönnt, ihr persönlich zu begegnen, was ich sehr bedauere.

Danke

sage ich allen herzlich, die mir mit ihren Erzählungen, Informationen und Hinweisen halfen, die kleine Sammlung von Geschichten zusammenzutragen und die Richtigkeit meiner Angaben zu überprüfen. Ohne ihren Beitrag hätte dieser Band nicht entstehen können. Für ihre Hilfe bedanke ich mich besonders:

Gerhard Clausen
Hans-Lorenz Andresen
Hans-Dieter Höpfner
Hermann Niewind
Elke Scherer
Gisela und Hans-Peter Jensen
Hans-Peter Hansen

Reimer Thomsen
Hertha Fischer
Jens Christian
Maria Lorenzen
Annemarie Girndt
Werner Blank

Ich hoffe, ich habe niemand vergessen. Sollte das dennoch der Fall sein, bitte ich diejenigen, die ich vergaß, um Entschuldigung.

Bildnachweis

OpenStreet: Seite 36
NASA: 94 und 96
Bundesregierung/Wegmann: 92
Pete Hohn: 99

Privat: 12, 19, 25, 32, 37, 39, 41, 44, 58, 86, 101 und 103
Tobis/Magna: 100
Roine Karlsson: 102

Die Abbildungen auf den Seiten 16, 23 und 27 sind Repros von zeitgenössischen Ansichts- bzw. Künstlerkarten.
Die Fotos auf den Seiten 18, 48, 53, 56, 57, 66, 70 und 72 sowie die Bilder auf dem Cover sind Aufnahmen des Autors.